Almut Kipp

»Alltagswelten« obdachloser Frauen

Gender and Diversity

Herausgegeben von
Prof. Dr. Marianne Kosmann, Prof. Dr. Katja Nowacki
und Prof. Dr. Ahmet Toprak, alle Fachhochschule Dortmund

Band 11

Almut Kipp

»Alltagswelten« obdachloser Frauen

Theaterpädagogik als Methodik der (Re)Integration

Centaurus Verlag & Media UG

Über die Autorin

Almut Kipp studierte in den ´80er Jahren Architektur in Dortmund und war in diesem Bereich von 1992 bis 1998 selbständig tätig. Es folgte bis 2011 eine Selbständigkeit im Gastronomie-Bereich. Zwischen 2009 und 2012 studierte sie erneut an der FH in Dortmund; Fachbereich: „Angewandte Sozialwissenschaften" sowie „Spiel- und Theaterpädagogik". Seit Sept. 2013 nimmt sie an dem Masterstudiengang „Jugend in Theorie und Praxis der Sozialen Arbeit" teil. Der vorliegenden Monografie liegen persönliche biographische Erfahrungen sowie die ergänzte und überarbeitete Thesis ihrer Bachelorarbeit zugrunde.

Bibliografische Informationen der Deutschen Nationalbibliothek
Die Deutsche Nationalbibliothek verzeichnet diese Publikation in der Deutschen Nationalbibliografie; detaillierte bibliografische Daten sind im Internet über http://dnb.d-nb.de abrufbar.

Gedruckt auf säurefreiem und chlorfrei gebleichtem Papier.

ISBN 978-3-86226-248-9   ISBN 978-3-86226-916-7 (eBook)
DOI 10.1007/978-3-86226-916-7
ISSN 2192-2713

© *CENTAURUS Verlag & Media KG, Freiburg 2013*
www.centaurus-verlag.de

Umschlaggestaltung: Jasmin Morgenthaler, Visuelle Kommunikation
Umschlagabbildung: Mr. Nico, golden gate, www.photocase.de
Satz: Vorlage der Autorin

Inhaltsangabe

Kurzfassung

Berber, Penner, Obdachlose...: real existent bilden sie die Kehrseite unserer an Konsum, Überfluss, Konkurrenz und individuellem Erfolg ausgerichteten Gesellschaft.

Als „Randgruppen der Gesellschaft" stellen obdachlose Frauen ein soziologisch schwer fassbares Phantom dar; finden sie doch noch immer zu wenig Beachtung, werden ihre besonderen Problemlagen zu wenig berücksichtigt. Viele werden vom staatlichen Hilfesystem nur unzureichend oder gar nicht erreicht.

Ausgehend von stadtsoziologischen Raum- und Aneignungsstrategien obdachloser Frauen werden ihre Überlebens- und Bewältigungstaktiken als „Alltagsbewältigung" vor dem Hintergrund ihrer Ressourcenlosigkeit und sozialen Lebenswirklichkeit abgehandelt. Ferner wird der Frage nachgegangen, inwieweit über Theaterpädagogische Ansätze als kulturelle Bildungsarbeit in Kooperation mit Einrichtungen des Sozialen Hilfesystems eine (Re)Integration sozial benachteiligter, ausgegrenzter und stigmatisierter Frauen aus der Obdachlosigkeit heraus zurück in die Gesellschaft erfolgen kann.

Während der erste Teil der Arbeit allgemeine Grundlagen abhandelt, befasst sich der zweite Teil mit der Untersuchung weiblicher Wohnungs-/ Obdachlosigkeit im Sinne des Lebenslagen-Ansatzes als „Bedingungen einer Wohnungsnotfallproblematik von Frauen" und richtet sich zunächst auf ihre spezifischen Lebensverhältnisse und subjektiven Deutungsmuster der Lebenslagen. Hierbei soll das soziale Geschlecht („Gender") als ein Strukturmerkmal für die gesellschaftliche und geschlechtsspezifische Verteilung von Chancen und Risiken berücksichtigt werden mit dem Ziel, die geschlechtstypischen (objektiven) Merkmale sowie die subjektiven Deutungen dieser Lage und der vorhandenen Handlungsmöglichkeiten als persönliche Ressourcen aufzuzeigen.

Zu untersuchen sind, in wie weit das Handeln, die individuellen Wahrnehmungen und die Bewertungsmaßstäbe betroffener Frauen sowohl durch ihre Wohnungslosigkeit, als auch durch ihr „Frau sein" selbst geprägt sind.

Der Versuch, Wohnungsnot primär aus der „Perspektive der davon Betroffenen" zu erfassen, zu untersuchen und daraus eine theoretische Erklärung abzuleiten, führt zur Frage, wie diese subjektiven Deutungen von Lage und Handlungsmöglichkeiten selbst Teil einer Geschlechterkonstruktion von obdachlosen Frauen mit all ihren objektiven und subjektiven Restriktionen sind. Erst beide Aspekte zusammen erlauben eine geschlechtertheoretische Erklärung aus den Deutungs- und Orientierungsmustern der Betroffenen selbst. Wesentlich bei dieser Sicht ist der Blick auf die Ausschöpfung eigener Ressourcen, individueller Aktivierungsprozesse sowie die Umsetzung sozialer Praktiken. Neben Aspekten der akuten Wohnsituation sollen hierbei Suchtmittelkonsum, gesundheitliche Risikopraxen sowie Gewalterfahrungen in ihren unterschiedlichen Ausprägungen und Funktionen gleichermaßen wie die Chancen auf/der Ausschluss aus der Erwerbsarbeit und der Verlust partnerschaftlicher oder familiärer Beziehung - als nicht unerhebliche Restriktion weiblichkeitskonstitutiver Praktiken- mit berücksichtigt werden.

Im dritten Teil der Arbeit wird ein möglicher Leitfaden für eine Theaterpädagogische Projektrealisierung für und mit Frauen in Wohnungsnot entwickelt, um über die Möglichkeiten/ Chancen kultureller Arbeit das eigene Selbstwertgefühl, die individuelle Persönlichkeit, die Achtung und Respekt vor ihrer Lebenssituation und ihre gesellschaftliche Anerkennung zu fördern. (Re)Integration beinhält als Ziel unter anderem auch die erfolgreiche Nachhaltigkeit einer Maßnahme.

Grundlage hierfür ist das Verständnis, dass soziales Handeln - auch unter der extremen Restriktion von Obdachlosigkeit - u. a. eine Reproduktion der sozialen und geschlechtlichen Ordnung darstellt.

Penner, Berber, Obdachlose ...

Ausgrenzungsprozesse und Stigmatisierung, soziale Isolation, Randständigkeit als herausragende Merkmale einer Lebenslage; für Penner, Berber, Stadtstreicher, Obdach- oder
Wohnungslose - wie immer man sie bezeichnet- ist dies realer Alltag und damit gleichzeitig ein Teil der sozialen Wirklichkeit. Auf Bahnhofsvorplätzen, in Parkanlagen oder Fußgängerzonen, in Abbruchhäusern, unter Brücken oder Hinterhöfen sind sie anzutreffen; ständig in Bewegung, auf der
Flucht vor Vertreibung und doch mitten unter uns. Auf Einrichtungen des Hilfesystems angewiesen, fühlen sie sich in
ihrer subjektiven Wahrnehmung von der Gesellschaft ge-
kränkt, verletzt und gedemütigt, von der Öffentlichkeit als
„Säufer, Schmarotzer und Asozial" verachtet.
Persönliche Lebenskrisen, einschneidende Ereignisse, familiäre Verluste, Arbeitslosigkeit oder Überschuldung -Notlagen
die Menschen überfordern können und existenziell bedrohen;
die Bewältigung der Schwierigkeiten und der daraus resultierenden Lebenssituationen gelingt nicht jedem aus eigener
Kraft. Lange bestehende, tragfähige, soziale Netzwerke bieten keinen Halt mehr; Beziehungen bis hin zu ganzen Famili-
en zerbrechen. Im schlimmsten Fall folgt die Wohnungslosigkeit, der wohl extremsten Form von Armut.
Mancher ringt dennoch - trotz begrenzter Lebensperspektive -
um Anerkennung, andere möchten einfach nur in Ruhe gelassen werden, viele haben sich gesellschaftlich entfremdet und
aufgegeben im facettenreichen Spannungsfeld zwischen ge-
lingenden und gescheiterten Lebensentwürfen. Als Folge ei-

ner Obdachlosigkeit drohen Verwahrlosung und Verelendung. Je länger Menschen in dieser Lebenslage verweilen, desto schlechter beurteilen sie selbst ihren Gesundheitszustand, viele fühlen sich in hohem Maße Diskriminierungen und Gewalt ausgesetzt. Täglich erlebbare Ausgrenzungen verändern langfristig nachhaltig ihre Persönlichkeit, was eine Resozialisierung zunehmend erschwert.

Gerade „verdeckt lebende" Obdachlose stellen ein - soziologisch schwer fassbares - soziales Phantom dar; in ihrem täglichen Daseinskampf bewegen sie sich mehr oder weniger anonym innerhalb unserer Gesellschaft, verkehren wechselhaft an verschiedenen Orten innerhalb der Stadt, einige sammeln Pfandflaschen, andere durchforsten unauffällig die Abfallcontainer in den Hinterhöfen der Lebensmittelfilialen, tauchen bisweilen in niederschwelligen Hilfeeinrichtungen auf, bleiben ansonsten aber unsichtbar. Obdachlosigkeit bildet die Kehrseite unserer an Leistung und Erfolg ausgerichteten Gesellschaft und ist ein tägliches Ringen um Würde, Respekt und soziale Anerkennung in der Gegenwart.

Obwohl die Mehrdeutigkeit wohnungsloser Daseinsformen bereits seit 1995 regelmäßig in Forschungsberichten - deren Auftraggeber oft die Bundesministerien für Justiz, Soziales oder das BMFSFJ sind- aufgegriffen, statistisch erfasst, evaluiert und analysiert werden, führen die Ergebnisse der Studien weder zu einen politische Paradigmenwechsel bzgl. der immer restriktiver werdenden Sozialpolitik, noch bewirken sie ein gesellschaftliches Umdenken. Pseudowissenschaftliche Berichterstattungen einschlägiger Boulevard-Zeitungen oder privater Mediensender im Nachmittagsprogramm nähren die (Vor)Urteile gegenüber „Sozialabzockern", gegen Menschen, die „über sind", „ihre Kinder vernachlässigen und besoffen rumlungern", „keinen Bock auf Arbeit haben" und „selbst schuld" an ihrer Lebenslage sind.

Es ist unbestreitbar, dass ein geringer Teil der obdach- bzw. wohnungslosen Menschen diesen Klischeevorstellungen real entspricht, der Großteil der betroffenen Personen hat jedoch in Folge einer Kumulation von objektiv und subjektiv vermittelten Problemlagen, durch teils über Jahre hinweg erfahrene weitreichende Begrenzungen der individuellen und sozialen Handlungsspielräume und aufgrund eigener Ressourcenlosigkeit irgendwann resigniert aufgegeben. Der Verlust der Wohnung ist dabei nicht die Ursache von Obdachlosigkeit, sondern der Endpunkt eines langen Prozesses.

Geraten für Frauen in einem Wohnungsnotfall, kommen besondere Problemlagen, die aus (noch immer!) bestehenden, gesellschaftlichen und geschlechtsspezifischen Verteilungsregeln resultieren, hinzu. Als „Gender-Zuweisungen" strukturieren sie über das Selbstverständnis von männlich/ weiblich ihre Lebenschancen, -lagen und -welten. Sie bilden damit nicht ignorierbare, normative Vorgaben für ihr individuelles Selbstbild und ihre gesellschaftliche Position.

In den Biografien obdachloser Frauen finden sich immer wieder gleiche Muster: oft haben sie in der Vergangenheit unter strukturellen Benachteiligungen, Überforderungen, ökonomischer Kontrolle, und/oder der Dominanz (bis hin zu schwerer häuslicher Gewalt) ihrer Partner/ Ehemänner gelitten. Vorgegebenen Strukturen und zugewiesenen Rollen ordneten sie sich unter, vernachlässigten eigene Interessen, Ziele und Wünsche. Ergaben sich irgendwann ihrem „Schicksal", verloren nach und nach die Kontrolle über notwendige strukturie-

rende Tagesabläufe, scheiterten in ihrer subjektiven Wahrnehmung an sich selbst, ohne noch die Kraft für Veränderungen aufbringen zu können. Als Folge verhalten sie sich re-
signativ bis ablehnend gegenüber institutionellen Hilfeeinrichtungen, werden durch herkömmliche Beratungsangebote
nicht erreicht oder nehmen diese nur teilweise, unterschwel-
lig und i. d. R. zu spät in Anspruch. So versuchen obdachlose Frauen, möglichst lange ohne sie auszukommen, suchen -
im Gegensatz zu Männern- zuerst vorübergehenden Unter-
schlupf bei Freunden und Bekannten, um selbständig ihren
Ausstieg aus ihrer prekären Lebenssituation vorzubereiten;
nicht selten verzögert sich hierdurch lediglich ihr „Abrutschen" in die Wohnungslosigkeit.
Erst einmal dort angekommen, stellt sich die Frage, wie sie
in dieser Situation zurechtkommen, welcher objektive Hand-
lungsrahmen ihnen noch zur Verfügung steht und wie dieser
genutzt wird. Weiter ist zu analysieren, wie sich obdachlose
Frauen in dem ihnen zur Verfügung stehenden „Sozialen
Raum" - unter Berücksichtigung ihrer Geschlechtlichkeit -
selbst wahrnehmen. Entwickeln sie besonderen frauenrelevanten Taktiken und Bewältigungsstrategien, um die alltäglichen Dinge einer Existenzsicherung zu organisieren und
individuell zu nutzen? Lässt sich -trotz dem Vorliegen frau-
enrelevanter Problematiken- unter Berücksichtigung eines
individuellen Unterstützungsbedarfes ein „Leitfaden" für das
Handlungsfeld Theaterpädagogischer Arbeit als ein mögli-
ches, geschlechtssensibel ausgerichtetes Hilfeangebot zur
gesellschaftlichen Wiedereingliederung von Frauen in Wohnungsnot ohne erneute Stigmatisierung und Ausgrenzung realisieren? Diesen und ähnlichen Fragen soll im Weiteren
nachgegangen werden.

1. Obdachlosigkeit in Deutschland

Fakten und Zuständigkeiten

1.1. Begrifflichkeiten und rechtliche Grundlagen

1.1.1. Verteilung der Zuständigkeiten in Deutschland

Menschen leben in extremer Armut, wenn ein minimaler Lebensstandard deutlich unterschritten ist und die Betroffenen nicht bereit oder nicht in der Lage sind, sich aus eigener Kraft aus dieser Lebenslage heraus zu bewegen bzw. das bereitstehende soziale Hilfesystem in Anspruch zu nehmen *(BMAS 2008, S.173)*. Entsprechend den verfassungsrechtlichen Grundlagen der Sozialstaatlichkeit (Art.20; 28 Abs.1 GG) ist in Deutschland die Vorbeugung und Bekämpfung von Armut und Obdachlosigkeit Aufgabe staatlicher Sozialpolitik.

Der **Bund** definiert die gesetzlichen, sozialen Rahmenbedingungen über differenzierte Regelungsbereiche und Leistungen entsprechend den Sozialgesetzbüchern *(vgl. Arnold; Maelicke 2009, S.101, 102)*. Danach haben in Not geratene Menschen - wie erwerbsfähige Wohnungslose- Anspruch auf Hilfegewährung und Betreuung in Rahmen der Grundsicherung für Arbeitssuchende gemäß dem SGB II und nicht Erwerbsfähige bzw. Personen nach Vollendung des 65. Lebensjahres gemäß dem SGB XII. Neben der Sicherstellung des Lebensunterhaltes und der Wiedereingliederung in Arbeit stehen Hilfen zur Anmietung einer Wohnung im Vordergrund *(vgl. Stascheit 2010, S. 179-192; 405. SGB XII: §§ 7 ff., 16, 19 ff. SGB II; §§11, 27 ff., 41ff.67 ff. und Verordnung zur Durchführung der Hilfen zur Überwindung besonderer sozialer Schwierigkeiten)*.

Den **Kommunen** obliegt die Umsetzung der bundes- und landesgesetzlichen Vorgaben *(vgl. ebd., S.176-179; 357/358. SGB II §6; SGB XII§3).* Sie bestimmen -entsprechend ihrer kommunalen Gestaltungsspielräume- die Höhe der Finanzmittel, die Art des Angebots, die einzelnen Qualitäts- und Leistungsstandards sowie die Art der vorübergehenden Unterbringungsmöglichkeiten in Form eines abgestuften Hilfesystems für obdachlose Menschen, wobei sich die konkreten Handlungsebenen in drei Kategorien einteilen lassen:

* Prävention (Vermeidung des Verlustes der Wohnung)
* Intervention (die Arbeit mit obdachlosen Menschen)
* Nachsorge (Maßnahmen zur Vermeidung des erneuten Wohnraumverlustes)

Das Hilfesystem selbst ist vielschichtig: es besteht aus Fachberatungsstellen wie der ambulanten Wohnungslosenhilfe freier Träger, Straßensozialarbeit, Tagesaufenthaltsstätten, Betreutem Wohnen, Wohnheimen, Notunterkünften, medizinischen Ambulanzen und Arbeitshilfen sowie einer Vielzahl ehrenamtlicher Wohnungslosenprojekte wie Kleiderkammern, Essensküchen, „Der Tafel" etc.. Kern der professionellen Wohnungslosenhilfe bilden dabei die §§ 67ff. SGB XII - Hilfe zur Überwindung besonderer Sozialer Schwierigkeiten.

Lt. Schätzungen gelingt immerhin bei 20 bis 30% der Wohnungslosen - mit Unterstützung versch. Einrichtungen, Projektteilnahmen und Begleitung von professioneller sozialer Arbeit - eine planvolle Hinführung zur dauerhaft selbständigen und eigenverantwortlichen Lebensführung mit einer (Re) Integration in die Gesellschaft und geordneten Wohnverhältnissen *(vgl. Malyssek, Störch 2009, S. 22).*

1.1.2. Kommunale Aufgaben bei Obdachlosigkeit

Gefahrenabwehr und Unterbringung

Obdachlosigkeit ist eine ordnungsrechtliche Bestimmung, ihre Bekämpfung eine staatliche Aufgabe der Gefahrenabwehr für die öffentliche Sicherheit und Ordnung. Zuständig sind die Städte und Gemeinden als kommunale Ordnungsbehörden. Obdachlose sind Personen/ Familien, die in ihrer ansässigen Kommune bis zum akuten Wohnungsnotfall gemeldet waren oder nachweislich ihren gewöhnlichen Aufenthalt (gA) haben. Obdachlos sind auch Personen, denen der Verlust der ständigen oder vorübergehenden Unterkunft droht oder deren Wohnung nach objektiven Anforderungen nicht mehr einer menschenwürdigen Unterkunft entspricht.

Personen ohne Wohnung/ Unterkunft leben in einem ordnungswidrigen Zustand. Die behördlich angeordnete Einweisung in eine Ersatzwohnung oder die Notunterbringung ist damit eine ordnungsrechtliche Beseitigung dieser Störung der öffentlichen Sicherheit und Ordnung. Als Vorliegen einer Gefahr zählt das Nächtigen in Parkanlagen oder auf öffentlichen Plätzen als schutzloser Aufenthalt unter freiem Himmel, da dies mit Gesundheitsgefahren verbunden sein kann, die das Recht des Obdachlosen auf körperliche Unversehrtheit beeinträchtigen *(vgl. OVG Lüneburg, NVwZ 1992, 502 und Stollenwerk 2009, S.273; Malyssek, Störch 2009, S.39)*. Verfolgt werden Ordnungsbehördlich zudem insbesondere das Sich-Niederlassen (teilweise auch Herumstehen) zum Zweck des Alkoholgenusses, das (aggressive) Betteln auf der Straße, der Handel und Konsum illegaler Drogen, das Lagern in Gruppen, das Verrichten der Notdurft sowie Verstöße gegen Hausordnungen (bspw. in Ladenpassagen und Gebäuden der

Bahn-AG). Instrumente der Vertreibung sind zum einen kommunale Straßensatzungsbestimmungen, wonach bestimmte Verhaltensweisen von Randgruppen in den Innenstädten als eine „unerlaubte Sondernutzung der Straßen- und Verkehrsflächen" ausgelegt werden und zum anderen die Gefahrenabwehrverordnungen, als Mittel des Polizei- und Ordnungsrechts zur Abwehr abstrakter Gefahren für die öffentliche Sicherheit und Ordnung. Verstöße werden i. d. R. mit einem Platzverweis - als polizeiliche Allgemein- und Einzelverfügungen - bzw. einer Bußgeldforderung geahndet *(vgl. Caritasverband 2002, S.9)*.

Werden Behörden von einer drohenden Wohnungsnotlage durch Obdachlosigkeit in Kenntnis gesetzt, ist zu prüfen, ob die betroffene Person nicht mehr in der Lage ist, für sich, den Lebenspartner/in und nach § 1602 BGB für unterhaltspflichtige Angehörige aus eigenen Kräften eine Unterkunft/ Wohnung zu beschaffen *(vgl. Stollenwerk 2009, S.273)*. Scheiden alle Maßnahmen aus, so bleiben den Ordnungsbehörden folgende Alternativen:

* Einweisung in gemeindeeigene Räume oder in eine Notunterkunft
* Unterbringung in angemieteten Räumen
* „Fremdeinweisung" mit Beschlagnahmung von Räumen Dritter zur Unterbringung

Die letztgenannte Maßnahme - als sogenannte „Wiedereinweisung" - wird als der schwerwiegendste Eingriff bewertet und als sog. „polizeilicher Notstand" angesehen; vorab sind rechtlich alle behördeneigenen Mittel zu überprüfen. Das OVG Münster *(vgl. NVwZ 1991, 692)* hat dies in einer Ent-

scheidung unmissverständlich ausgedrückt, indem es fest-
stellte, dass unter behördeneigenen Mitteln auch die Möglichkeiten der zuständigen Kommune stehen muss, neue Ob-
dachlosenunterkünfte zu bauen, zu kaufen, anzumieten oder
als Zwischenlösung Wohncontainer aufzustellen *(vgl. Stollenwerk 2009, S.275/276)*.

Bei der Schaffung von Obdachlosenunterkünften geht es dabei nicht um die Zurverfügungstellung von Ersatzwohnraum,
sondern nur um eine vorübergehende Unterbringung. Dementsprechend genügt eine Ausstattung nach den gesetzl.
Mindestanforderungen. Für die Unterbringung von Tieren in
einer Notunterkunft besteht keine ordnungsbehördliche Ver-
pflichtung, oft ist sie zudem durch Hausordnung verboten,
was wiederum dazu führt, dass viele Obdachlose freiwillig auf
eine Unterkunft verzichten und lieber im Freien nächtigen.

Als **Wohnungslos** (ohne festen Wohnsitz-ofW) gelten Heim-
und Haftentlassene sowie Personen und/oder Familien, die
nicht fest einer kreis- oder bundesdeutschen Kommune zu-
ordbar sind, keine Meldeadresse besitzen und ihren Aufenthalt regelmäßig wechseln.

Die freiwillige Wohnungslosigkeit kann von einem Nichtsesshaften durch eine einfache glaubwürdige Erklärung und/oder
Vorlage eines rechtsgültigen Mietvertrages beendet werden.
In Sonderfällen ist sie ordnungsbehördlich zu beenden, wenn
eine Selbstbestimmung des Betroffenen wegen Hilflosigkeit,
Desorientierung oder aufgrund von Suchterkrankungen nicht
mehr angenommen werden kann. Diese Grenze ist erreicht,
wenn sich der Betroffene selbst durch sein Verhalten in eine
lebensgefährliche Situation begibt *(vgl. Stollenwerk 2009,
S.274)*.

Wohnungslose müssen ordnungsrechtlich nicht versorgt werden; sie erhalten sozial-rechtliche Hilfen zur Wiedereingliederung über Einrichtungen der Wohnungslosenhilfe entsprechend den §§ 67 ff SGB XII. Die Finanzierung läuft über den jeweiligen Landschaftsverband als überörtlichen Kostenträger.

Die Grenzen zwischen Obdach- und Wohnungslosen sind fließend. Beide Gruppen erfüllen i. d. R. die für Hilfen im Sinne der §§ 67 ff SGB XII geforderten „besonderen sozialen Schwierigkeiten" (vgl. BAG W 2005, S.6; Arnold, Maelicke 2009, S.330).

Wohnungsnotfälle wiederum sind - lt. Definition des Deutschen Städtetages von 1987 - gegeben, wenn der Verlust der derzeitigen Wohnung unmittelbar bevorsteht. Ferner, wenn Personen, die in Heimen, Betreuungsmaßnahmen, Asylen, Frauenhäusern etc. untergebracht sind oder ohne Verfügung ausreichenden Wohnraumes entlassen werden. Desweiteren zählen zu diesem Personenkreis Menschen, die nach ordnungsrechtlichen Maßnahmen ohne Mietvertrag in Wohnraum eingewiesen oder in Notunterkünften, Hotels, Pensionen etc. untergebracht werden und Menschen, die bei Verwandten, Freunden und Bekannten vorübergehend untergekommen sind sowie Personen, die aus sonstigen Gründen in unzumutbaren oder außergewöhnlich beengten Wohnverhältnissen leben.

1.1.3. Ursachen für einen Wohnungsverlust

Von Wohnungslosigkeit betroffene Personen unterliegen zunehmend Verarmungs- und Ausgrenzungsprozessen. Oft verbinden sich sozial strukturelle Ursachen wie Wohnungsnot und Arbeitslosigkeit mit individuellen Lebensumständen, so dass die Betroffenen sich in scheinbar ausweglosen Situationen befinden. Unterversorgt in vielen Lebensbereichen sind sie am stärksten von sozialer Benachteiligung und Isolation betroffen, besitzen nur eingeschränkte Zugänge zu gesellschaftlichen Ressourcen wie Bildung und Kultur und sind weitgehend aus Politik und Interessenvertretungen ausgeschlossen. Ohne den Schutzraum einer eigenen Wohnung verfügen sie faktisch über kein Privatleben.

„Wohnungslosigkeit ist immer das Ergebnis von verschiedenartigen, häufig kumuliert auftretenden strukturellen und sozioökonomischen Ursachen (z. B. der Wohnungsmarkt, der Arbeitsmarkt, das Rechts- und Wirtschaftssystem) und individuellen Lebensumständen (Familie, Umbruchsituationen, unvorhergesehene Schicksalsschläge, Einkommenssituation." (Post 2006, o. S.; zitiert in: Malyssek, Störch 2009, S. 39).

Der Verlust der Wohnung ist nicht die Ursache von Obdachlosigkeit, sondern der Endpunkt eines langen Prozesses. Die Gründe für gesellschaftliche Ausgrenzungsprozesse sowie einer weitreichenden Begrenzung der individuellen und sozialen Handlungsspielräume in verschiedenen Lebensbereichen können dabei sein:

- Mangel an genügend wirtschaftlichen Ressourcen aufgrund von der Zugehörigkeit zu einkommensschwachen Bevölkerungsgruppen bspw. durch mangelnde Schulbildung, fehlender Schulabschluss, keine oder nicht beendete Berufsausbildung, Langzeiterwerbslosigkeit, keine existenzsichernden Partnerschaften

- Mangel an sozialen Ressourcen durch altersbedingte Vereinsamung, Trennung/ Scheidung mit ev. Verlust sozialer Netzwerke und sozialer Zusammenhänge. Durch die Angehörigkeit zu einer ethnischen oder sexuellen Minderheit, berufliche und/oder soziale Benachteiligung/ Diskriminierung, dem Alleinerziehenden-Status

- Mangel an körperlichen, psychischen oder mentalen Ressourcen durch Vorliegen einer Suchtproblematik, Krankheiten, Schädigung oder Berufsunfähigkeit nach Unfällen, sonstige Beeinträchtigungen

- Fehlender Zugang zu angemessenem Wohnraum durch kontinuierliche Erhöhungen der Miet- und Nebenkosten, private Überschuldung, bis hin zur Zahlungsunfähigkeit

- häusliche oder sexuelle Gewalterfahrung; die Unfähigkeit, sich aus gewaltgeprägten Lebensverhältnissen zu lösen, bzw. sich aus Mangel an wirtschaftlichen Alternativen noch nicht gelöst zu haben

- Flucht vor Straf- bzw. Haftbefehlen; Haftentlassung, Heimentlassung *(vgl. Enders-Dragässer at.al. 2005, S.5,6; BMAS 2008, S.165 f.)*

Oft treffen gesellschaftliche Ausgrenzungen mit selbstgewählter Abgrenzung zusammen und verstärken sich wechselseitig. Dabei wird die Wahrscheinlichkeit, wohnungslos zu werden umso größer, je mehr Problemlagen und Risikofaktoren zusammenwirken *(vgl. BMAS 2008, S. 168)*.

In wachsendem Maße sind die Kommunen mit überwiegend jüngeren Wohnungs- und Obdachlosen konfrontiert, die weder unterbringungsfähig noch unterbringungswillig sind. Die zunehmende Devianz einzelner Personen, als Folge auffälligen, abweichenden Verhaltens mit einer zunehmenden Verweigerung/ Unfähigkeit zu normorientierten Verhalten, endet -als letzte Konsequenz- gleichfalls in der Wohnungslosigkeit *(vgl. Malyssek, Störch 2009, S. 32).*

1.1.4. Hilfen nach dem SGB für von „Wohnungsnotfall" betroffene Menschen

Spätestens mit Einführung der „Agenda 2010" fand in der Sozialen Arbeit ein Paradigmenwechsel - weg von der Leistungsvermittlung eines Wohlfahrtsstaates hin zur Bewältigung individualisierter Problemlagen - als aktivierender Sozialstaat statt. Die gesetzlichen und organisatorischen Veränderungen berühren eine Reihe der Hilfen in Wohnungsnotfällen und führten u. a. zu einem erhöhten Wohnungsnotfallrisiko.

Gründe sind unter anderem das reduzierte Einkommensniveau bei vielen Personen mit vormaligem Arbeitslosenhilfebezug, die Beschränkung der Übernahme von Unterkunft- und Heizkosten auf eine „angemessene Höhe" im Rahmen der neuen Mindestsicherung und die Neuorientierung des deutsches Sozialstaates nach dem Grundsatz ''fördern und fordern'', wonach Unterstützungsleistungen an ökonomische Faktoren der Wirtschaftlichkeit, die Leistungsfähigkeit und die Bereitschaft zur Mitarbeit der betroffenen Personen geknüpft werden.

In der alten Fassung der VO zu §72 BGSH wurden nur „besondere Lebensverhältnisse" bei „Personen ohne ausreichende Unterkunft" („in Obdachlosen- oder sonstigen Be-

helfsunterkünften oder in vergleichbaren Unterkünften" Lebende), bei „Landfahrern" und „Nichtsesshaften" angenommen. An diesen Bestimmungen wurde kritisiert, dass diese
Lebensverhältnisse eher für Männer charakteristisch sind. In
der Wohnungslosenhilfe gab es kaum Unterkünfte für Frauen,
vor allem nicht unter Berücksichtigung ihrer besonderen Be-
darfslagen. Viele Frauen erfüllten aus verschiedenen Gründen selten die Voraussetzung für einen Anspruch auf Hilfe
nach §72 BSHG *(vgl. Enders-Dragässer et al. 1999, S. 37; Helfferich et al. 2000, S. 7,8).*

Gefordert wurde deshalb schon seit Mitte der 80er Jahre, die
Definition von „besonderen Lebensverhältnissen und besonderen sozialen Schwierigkeiten" um solche Formen zu erweitern, die vor allem für Frauen relevant sind, die in „verdeckter" oder „latenter" Wohnungslosigkeit lebten *(vgl. Enders-
Dragässer et al., 1999, S. 95).*

Mit der Einführung des SGB II und SGB XII sowie der DV -
*„Hilfe bei besonderen sozialen Schwierigkeiten zum § 67ff
SGB XII"* wurde diesen Forderungen Rechnung getragen:
Nach Absatz 2 bestehen „besondere Lebensverhältnisse" und
damit ein Rechtsanspruch auf staatliche Hilfen bei:
*„[1](...) fehlender oder nicht ausreichender Wohnung, bei unge-
sicherter wirtschaftlicher Lebensgrundlage, bei gewaltgeprägten Lebensumständen, bei Entlassung aus einer geschlossenen Einrichtung oder bei vergleichbaren nachteili-
gen Umständen."* Nach Absatz 3 liegen *„Soziale Schwierigkeiten vor, wenn ein Leben in der Gemeinschaft durch aus-
grenzendes Verhalten des Hilfesuchenden oder eines Dritten
wesentlich eingeschränkt ist, insbesondere in Zusammenhang mit der Erhaltung oder Beschaffung einer Wohnung, mit*

der Erlangung oder Sicherung eines Arbeitsplatzes, mit familiären oder anderen sozialen Beziehungen oder mit Straffälligkeit."

Nach §2 DV des SGB XII ist das generelle Ziel staatlicher Hilfe:

„[1](...) die Hilfesuchenden zur Selbsthilfe zu befähigen, die Teilnahme am Leben in der Gemeinschaft zu ermöglichen und die Führung eines menschenwürdigen Lebens zu sichern. Durch Unterstützung der Hilfesuchenden (...) sollen sie in die Lage versetzt werden, ihr Leben entsprechend ihren Bedürfnissen, Wünschen und Fähigkeiten zu organisieren und selbstverantwortlich zu gestalten." Ausdrücklich wird gefordert: „(...) [3]Bei der Hilfe sind geschlechts- und altersbedingte Besonderheiten sowie besondere Fähigkeiten und Neigungen zu berücksichtigen" (§2 Abs.2) (vgl. Stascheit 2010, S. 405).

Obdachlose Menschen gehören aufgrund ihrer vielfältigen strukturellen und individuellen Problemlagen, die sie gewöhnlich nicht mehr eigenständig bewältigen können, zu den Anspruchsberechtigten. Über (teil)stationäre Einrichtungen erfolgen Beratungs- und Unterstützungsangebote in Form zeitlich begrenzter, differenzierter und betreuter Wohnangebote. Diese Unterstützungsangebote sollen die betroffenen Personen befähigen, ihre „Schwierigkeiten" umfassend zu verbessern mit dem Ziel, dauerhaft in ein gesellschaftlich „normales" Leben zurückkehren zu können (vgl. Schaak 2009, S. 6).

Bei der konkreten Durchsetzung niedrig- und hochschwelliger Hilfeangebote ist eine enge Zusammenarbeit zw. den verantwortlichen Behörden, Einrichtungen der Wohnungslosenhilfe und den freien Trägern zwingend notwendig. In vielen Fällen ist die Verzahnung von Eingliederungsplänen gem. § 15 SGB II, Hilfeplänen gem. §§ 67 ff. SGB XII und §§ 53 ff SGB XII (Hilfen nach festgestellter physischer oder psychischer Beeinträchtigung) erforderlich, um adäquate Hilfen unter dem Anspruch „Fördern und Fordern" gem. §§ 1,2 SGB II anbieten zu können *(vgl. BAG W-Position 2008, S.5).*

1.1.5. Das Wohnungslosen-Hilfesystem als armutsrelevante Hilfe

Soziale Dienste verschiedener Träger bieten für obdach-/ wohnungslose Menschen über eine relativ breite Angebotspalette und regelmäßig vorgehaltene Unterbringungsangebote Sofort- und Überlebenshilfe incl. professioneller Beratung ohne wesentliche Anspruchsvoraussetzungen an, wobei es seit Mitte der siebziger Jahre zu einer zunehmenden fachlichen Differenzierung/ Spezialisierung innerhalb des Hilfesystems in ambulante und stationäre Hilfeeinrichtungen kommt. Oberstes Ziel ist die Beseitigung von (absoluter) Armut und bestehender Obdachlosigkeit durch Prävention, Integration und niedrigschwellige Hilfen.

Entsprechend den Konzepten moderner Armutsforschung, wonach Obdachlosigkeit nur eine von mehreren Ausdrucksformen von (extremer) Armut und sozialer Stigmatisierung darstellt, richten sich zunehmend viele Angebote speziell an ressourcenlose und sozial ausgegrenzte Menschen, die marginalisiert aber nicht unbedingt Obdachlos sind. Entsprechend vereinbarte Zieldefinitionen beinhalten deshalb:

1.) präventive Maßnahmen beim Vorliegen einer Wohnungs-notfallproblematik in Form von:

- der Sicherung gefährdeter Mietverhältnisse
- der Sicherung gekündigter oder von Räumung bedrohter Mietverhältnisse durch die vorläufige behördliche Über-nahme von Mietschulden
- nachhaltige Sicherung bestehender/neuer Mietverhältnis-se durch Einbeziehung weiterer Fachstellen wie der Schuldnerberatung oder Therapeutischen Einrichtungen

2.) Integrative Maßnahmen als Hilfeleistungen für Menschen, die bereits obdachlos geworden sind mit dem Ziel der

- Vermittlung in Wohnraum/ Wohngemeinschaften mit betreuender Hilfe, um langfristig ein selbständiges und eigenverantwortliches Wohnen wieder zu ermöglichen. Bewilligung einer zeitlich begrenzten öffentlichen Unter-bringung für obdach-/ wohnungslose Haushalte.
- Hilfeplanung für Haushalte mit besonderen Problemlagen. Vermittlung weiterer Hilfen zur Überwindung besonderer sozialer Schwierigkeiten sowie regulärer Hilfen zur Ein-gliederung, des Gesundheitssystems oder für Senioren.

3.) Angebote zur Wahrnehmung Niedrigschwelliger Hilfen/ Einrichtungen wie

- der Wohnungslosenhilfe
- der Drogen- und Suchtkrankenhilfe
- der Kinder- und Jugendhilfe

Bei allen Niedrigschwelligen Hilfen handelt es sich um „Nicht Unterbringungs-Angebote" in Verbindung mit professionellen Beratungsstellen und Kontaktangeboten (z. B. über Street-worker) für in Not geratenen Menschen, die über staatliche

Sozialhilfe-Einrichtungen nicht erreicht werden. Beratungsziel ist immer die nachhaltige Vermeidung von dauerhafter Obdachlosigkeit unter Inanspruchnahme konkreter Hilfestellung. Positiv anzumerken ist die zunehmende Zielgruppendifferenzierung in Bezug auf Geschlechts- und Altersspezifische Angebote. Die meisten niedrigschwelligen Obdachlosenhilfe-Einrichtungen lassen sich grob folgenden Gruppen zuordnen:

- Tagestreffpunkte zum „Abbau der Verelendung auf der Straße" in Form von ganztägigen Tagesaufenthaltsstätten, Tages- oder Kontaktcafés, Kranken- und Wärmestuben freier Träger mit Verpflegungsangebot, Waschgelegenheiten, kostenloser Zurverfügungstellung von Schließfächern zur Aufbewahrung des wenigen privatem Hab und Gut, sozialer Beratung, Möglichkeiten zur Postfacheinrichtung, teilweise ärztlichen Sprechstunden, kostenlose Rechtsberatung etc. Tagestreffpunkte bieten Obdachlosen die Möglichkeit der Hygieneversorgung, zum Rückzug, zum Ausruhen, zum Kontakthalten sowie einer freiwilligen Nutzung von Angeboten zur Anbahnung von Hilfen.
- Bahnhofsmissionen: Ökumenisch arbeitende Einrichtung mit Möglichkeiten zum kurzfristigen Aufenthalt, zum Aufwärmen und für Gespräche. Weitervermittlung an weitere Hilfeeinrichtungen wie Sleep-ins, Notunterkünfte etc.
- Mobile Hilfen: Straßenambulanzen (Krankenmobil), mobile Essenausgaben, „Winterüberlebenshilfe", Mobile Beratungshilfe des Caritasverbandes und der Diakonie, aufsuchende Angebote durch Straßensozialarbeit etc.. Mobile Hilfen suchen obdachlose Menschen, die sich oftmals nicht mehr selbst helfen können, dort auf, wo sie anzu-

treffen sind - auf Straßen, Plätzen, unter Brücken. Versucht wird dabei über unbürokratische Kontaktaufnahme und über Gespräche eine Vertrauensbasis zu schaffen, Beziehungen zu stabilisieren und den Betroffenen wieder Zugänge zu Hilfen aufzuzeigen.

- Essenausgabestellen: „Suppenküchen" (auch mobil), Kontaktcafés, „Die Tafel" etc.
- Kleiderkammern
- „Rümpelstilzchen": Aufarbeitung und Verkauf gebrauchter Möbel, Haushaltseinrichtungen und elektrischer Geräte

(vgl. Schaak 2009, Seite 5-7; Neumann 2005, S. 8)

Gerade in den Tagestreffs der Sucht- und Drogenhilfe und der Wohnungslosenhilfe fällt auf, dass kaum junge Paare, keine allein Erziehenden oder komplette Familien anzutreffen sind. In vielen Einrichtungen dieser Bereiche wird aufgrund gesetzlicher Bestimmungen der Zutritt bzw. die Mitnahme von Minderjährigen verboten (Schutzauftrag), was wiederum dazu führt, dass Frauen mit zu betreuenden Kindern diese Einrichtungen erst gar nicht frequentieren bzw. aufgefordert werden, ohne Kinder zu einem anderen Zeitpunkt wieder zu kommen. Infolge dessen können sie diese Angebote nur begrenzt in Anspruch nehmen oder meiden sie von vornherein, mit dem Ergebnis, dass in diesen Einrichtungen unter den Besuchern/ Klienten gerade mal 10 bis 15% Frauen sind *(vgl. Neumann 2005, S.35)*.

Anm.: Illegal in Deutschland Lebenden Menschen ist der Besuch dieser Einrichtungen ebenfalls verwehrt (Meldepflicht-Bestimmungen) *(vgl. ebd., S.35)*.

1.2. Umfang von Obdach-/Wohnungslosigkeit in Deutschland und NRW

1.2.1. Statistische Erhebung der Wohnungslosigkeit im Wohnungslosen-Kontext

Zum Ausmaß der Wohnungslosigkeit liegen weiterhin nur Schätzungen vor, die von der Bundesarbeitsgemeinschaft Wohnungslosenhilfe e. V. (BAG W) regelmäßig veröffentlicht werden. Danach ist das Ausmaß der Wohnungslosigkeit zwischen 2008 und 2010 dramatisch gestiegen.

2010 betrug die Zahl der Wohnungsnotfälle insgesamt ca. 354.000 (2008: 330.000; 2006: 254.000). Davon gehörten ca. 248.000 (2008: 227.000) zu den Wohnungslosen und ca. 106.000 (2008: 103.000) zu den von Wohnungslosigkeit bedrohten Menschen, ca. 152.000 (2006: 132.000) waren alleinstehend mit einem Frauenanteil von ca. 26% (40.000) und ca. 96.000 (2006: 122.000) Personen lebten in Mehrpersonenhaushalten. Ca. 22.000 Menschen lebten 2010 ohne jede Unterkunft „auf der Straße" (2008: 20.000; 2006: 18.000), dies entspricht einer Steigerung um 22% in vier Jahren! Die Dienste der Wohnungslosenhilfe betreuten 2010 ca. 100.000 -110.000 Menschen aus diesem Bereich. Eine verlässliche Statistik über die Zahl der Obdachlosen gibt es nicht, einschließlich einer nicht erfassten Dunkelziffer sind vermutlich über 800.000 Personen wohnungslos.
Valide Angaben werden erschwert, da die Statistik nur Personen, die in Kontakt mit der Wohnungslosenhilfe stehen, berücksichtigt.

Lt. dem „3. Armuts- und Reichtumsbericht" des BMAS von 2008 ist der Anteil wohnungsloser Frauen in den letzten Jahren kontinuierlich gewachsen und liegt bei insgesamt 25%, (ca. 64.000 Frauen), der Anteil der Männer wird mit ca. 64% (162.000 Personen) und der Anteil der Kinder und Jugendlichen mit 11% (28.000 Personen) geschätzt; die BAG W geht in 2010 von einem Frauenanteil von insgesamt 26%, (64.000), einem Kinder- und Jugendlichen-Anteil von ca. 10% (25.000) und einer Männeranzahl von ca. 64% (157.000) aus.

So weist die Veröffentlichung der soziodemografischen Daten (letzter aktueller Stand, bezogen auf die Gesamtgruppe von 254.000 wohnungslosen Personen) des BAG W in 2006 aus:

- 69% aller erfassten Wohnungslosen ledig (Frauen: 55%), 19% geschieden, 3% verwitwet und nur 9% verheiratet (Frauen 18%). Die als wohnungslos registrierten Frauen sind mit 35,6 Jahren (im Durchschnitt) verglichen mit den wohnungslosen Männern (39,6 Jahre) deutlich jünger, häufiger verheiratet und haben häufiger Kinder. Etwas mehr als die Hälfte der Frauen leben allein (59%), während fast alle als wohnungslos registrierten Männer zu 92% alleine leben und nur 5% in einer Paarbeziehung ohne Kinder sind. Von allen Befragten besaßen 11% nicht die deutsche Staatsangehörigkeit.

- Bei 21% beruhte der Wohnungsverlust auf einer Kündigung durch den Vermieter, bei 15% auf Räumung wegen Mietschulden und bei 16% auf Räumung aufgrund anderer Probleme. 15% hatten selbst gekündigt und 33% sind ohne Kündigung ausgezogen.

- Etwa 60% der Betroffenen waren nur für einen begrenzten Zeitraum bis zu einem Jahr wohnungslos.
- 71% der Wohnungslosen waren verschuldet.
- 54% der Wohnungslosen hatten zwar eine abgeschlossene Berufsausbildung. Insgesamt waren aber 75% länger als ein Jahr arbeitslos (38% länger als vier Jahre, 21% länger als zwei bis vier Jahre und 16% länger als ein bis zwei Jahre).
- Bei Frauen waren etwas mehr als die Hälfte der Auslöser des Wohnungsverlustes Konflikte im privaten Beziehungsbereich.
- Trennung/Scheidung (23%), Auszug aus der elterlichen Wohnung (17%) und Gewalterfahrungen (insgesamt ca. 16%).

   (vgl. BAG W, Pressemitteilung 2011; BMAS 2008, S.167,168; Arnold, Maelicke 2009, S.330,331)

Beim Treffen zum „4. Armuts- und Reichtumsbericht" in 2011 stellte die BAG W der Bundesregierung die aktuellen Trends der Entwicklung von Wohnungslosigkeit vor. Ihrer Meinung nach ist der erneute und zugleich dramatische Wiederanstieg der Wohnungslosenzahlen nach zehnjähriger rückläufiger Entwicklung auf eine Reihe gesellschaftlicher Veränderungen zurückzuführen, wobei drei Faktoren als maßgeblich benannt werden:

1.) Überproportionale Anhebung der Mietpreise (insb. in Ballungsgebieten) bei gleichzeitiger Zunahme einer Pauperisierung unterer Einkommensgruppen und Rückgang des sozialen Wohnungsbestandes durch Verkauf kommunaler Wohnungsbaubestände an private Investoren.

2.) Vorbereitende Maßnahmen zur Einführung der „Instrumentenreform".[1] Flächendeckende Kürzungen der Wiedereingliederungshilfen für Langzeitarbeitslose. Gleichzeitig wächst der Niedriglohnsektor aufgrund fehlender Mindestlöhne extrem an. Immer weniger Jugendhilfemaßnahmen für über 18-Jährige werden bewilligt.

3.) Sozialpolitische Fehlentscheidungen: häufigere Sanktionen gemäß dem SGB II und XII vor allem bei jungen Erwachsenen bei den Kosten der Unterkunft und Heizung; unzureichende Anhebung des Regelsatzes.

Lt. Bericht des BAG W stieg in 2010 die Zahl der jungen wohnungslosen Menschen unter 30 Jahren auf jetzt fast ein Drittel aller betroffenen Personen an. 20% sind unter 25. Gesamt stieg der Frauenanteil unter den Wohnungslosen lt. Schätzungen auf mind. 25%, wobei ihr Anteil in den Altersgruppen jünger als 30 mit 43% und jünger als 25 mit 31% überproportional hoch ist. Zudem leben diese jungen Erwachsenen in äußerst prekären Wohn- und Lebensverhältnissen, leben illegal in Abbruchhäusern oder Zelten *(vgl. BAG W, Pressemitteilung 2011)*.

---

[1] Reform im SGB III (zum 01.04.2012) - „Gesetz zur Verbesserung der Eingliederungschancen am Arbeitsmarkt": Danach werden zukünftig alle individuellen Unterstützungsbedarfe Arbeitsloser nach standardisierten Maßnahmen abgedeckt. Soziale Indikatoren, die sich an den jeweiligen Lebenslagen orientieren, verlieren an Bedeutung. Ebenso werden Maßnahmen der beruflichen Förderung und Aktivierung stark verkürzt und ausschließlich am Erfolg der Integration in reguläre Beschäftigung gemessen. Vor allem die Stärkung der Sanktionsmöglichkeiten (§ 86 SGB III) wurde verschärft. Entfallen sollen vor allem Leistungen in den Bereichen Sozialpädagogische Begleitung (§ 243 Abs. 1 SGB III).

Die Stadt Hamburg ließ in 2009 eine empirische Untersuchung über die „Soziale Lage Obdachloser auf der Straße" lebender Menschen durchführen.[2] Für die Studie wurden obdachlose Menschen in rund 90 Hamburger Hilfs- und Unterstützungsangeboten befragt. Interessant ist die Studie insofern, als sie als einzige Bundesweit die Einkommensquellen berücksichtigt. Danach lebt der überwiegende Teil der Obdachlosen vom ALG II, wohingegen das ALG I und die relativ geringe Anzahl von Menschen mit Arbeitseinkommen eine sehr geringe Rolle spielen, was auf eine große Distanz zum Arbeitsmarkt hinweist. Als zweithäufigste Nennung steht „Ohne Einkommen", wovon insgesamt 17,7% der Befragten betroffen sind. Auffällig ist, dass Männer mit einem Anteil von fast 20% ungefähr doppelt so häufig hiervon betroffen sind wie Frauen.

Geschlechtsspezifisch betrachtet fällt auf, dass Frauen deutlich besser mit Transferleistungen versorgt sind als die Männer: 66% aller Frauen beziehen ALG I, II oder Sozialhilfe (SGB XII) aber nur 48% der Männer. Demgegenüber befinden sich deutlich mehr Männer in prekären Einnahmesituationen wie „Betteln", „Sonstiges" oder „Ohne Einkommen". Dieses Ergebnis deutet auf ein erfolgreicheres Selbsthilfepotenzial bei den Frauen hin.

---

[2]   Untersuchung im Auftrag der Freien und Hansestadt Hamburg - vertreten durch die Behörde für Soziales, Familie, Gesundheit und Verbraucherschutz, in Kooperation mit den Verbänden der Freien Wohlfahrtspflege. In Bezug auf Größe und Umfang der ermittelten Kenntnisse handelt es sich um eine bundesweit einmalige, repräsentative empirische Befragung. Im Rahmen der vorliegenden Untersuchung wurden vom 25. bis 31. März 2009 in Hamburg 1029 Menschen gezählt und befragt, die angaben, ausschließlich oder überwiegend auf der Straße zu leben.

	Geschlecht					
	Frauen		Männer		gesamt	
	Anzahl	Anteil in %	Anzahl	Anteil in %	Anzahl	Anteil in %
Arbeitslosengeld II (ALG II)	118	56,5	301	42,0	419	45,3
Arbeitslosengeld I (ALG I)	3	1,4	19	2,7	22	2,4
Sozialhilfe	17	8,1	26	3,6	43	4,6
Arbeitseinkommen	3	1,4	46	6,4	49	5,3
Rente/Pension	8	3,8	45	6,3	53	5,7
Betteln	19	9,1	42	5,9	61	6,6
Sonstiges	19	9,1	95	13,3	114	12,3
ohne Einkommen	22	10,5	142	19,8	164	17,7
befragte Personen gesamt	209	100	716	100	925	100

Quelle: "Obdachlose, «auf der Straße» lebende Menschen" - Forschungsbericht; S.37
Behörde für Soziales, Familie, Gesundheit und Verbraucherschutz, Hamburg 2009

Erwähnenswert ist ein weiteres Ergebnis der Studie, wonach z. Z. 22,2% der in Hamburg auf der Straße lebenden Menschen Frauen sind. Ihr Anteil ist damit zwischen der ersten Befragung 1996, wo er 17,0% betrug, zunächst bis 2002 auf 21,9% stark angestiegen und bis zur aktuellen Befragung moderat angewachsen. Im statistischen Vergleich entspricht dieses einem überproportional hohen Frauenanteil.

1.2.2. Integrierte Wohnungsnotfallberichterstattung in NRW

Nordrhein-Westfalen führte 2011 - als bisher einziges Bundesland! - die „integrierte Wohnungsnotfallberichterstattung" ein. Die ermittelten Daten sollen ein zielgenaueres sozialpolitisches Planen und Handeln in den Bereichen der Hilfen für Wohnungsnotfälle ermöglichen und kommunale Projektplanungen zum Abbau sozialer Segregation unterstützen. Erfasst werden ordnungsrechtlich untergebrachte wohnungslose Personen/ Haushalte, die zum 30. Juni (jährlicher Stichtag) zur Abwendung von Obdachlosigkeit vorübergehend in kommunalen Unterkünften untergebracht sind oder in eine Normalwohnung eingewiesen wurden. Ferner Personen, die von Trägern der Wohnungslosenhilfe in (teil-)stationären Einrichtungen bzw. im „Betreuten Wohnen" der Wohnungslosenhilfe untergebracht sind oder zu denen im Laufe des Monats Juni in ambulanten Fachberatungsstellen der Wohnungslosenhilfe Beratungskontakt bestand. Personen, die in unzumutbaren Wohnverhältnissen leben oder denen der Verlust der derzeitigen Wohnung unmittelbar bevorsteht, werden ebenso wie Asylsuchende und Personen in Unterkünften für Spätaussiedler nicht erfasst. Nachfolgend werden lediglich nur einige „Eckdaten" erwähnt. Die gesamtstatistische Erfassung ist im IT.NRW 2012-Bericht nachzulesen:

In 2011 waren 16.448 Personen in NRW als Wohnungslose gemeldet. Davon waren 10.132 Personen behördenrechtlich untergebracht und 6.316 Personen wurden von den Einrichtungen der Wohnungslosenhilfe erfasst. Die Zahlen machen erstmals -wie erwartet- deutlich, dass Wohnungslosigkeit stärker verbreitet ist, als dies die im Rahmen der Obdachlosenerhebung ermittelten Zahlen bisher gezeigt haben.

- Eine Differenzierung nach Geschlecht verdeutlicht, dass bei den volljährigen Wohnungslosen die Männer mit einem Anteil von 67,6% deutlich überwiegen, jedoch der Anteil der wohnungslosen Minderjährigen bei den Frauen mit 21,8% deutlich höher als bei den Männern (10,4%) ist.

Wohnungslose Personen nach Alter und Geschlecht*										Stichtag: 30.06.2011
getrennt nach untergebrachten Personen nach dem OBG und bei freien Trägern										
Alters-	insgesamt		Männer			Frauen				
gruppen	OGB	freie Träger	OGB	freie Träger		OGB		freie Träger		
	Anzahl	%	Anzahl	%	Anzahl	%	Anzahl	%	Anzahl	%	Anzahl	%

Altersgruppen	OGB Anzahl	OGB %	freie Träger Anzahl	freie Träger %	OGB Anzahl	OGB %	freie Träger Anzahl	freie Träger %	OGB Anzahl	OGB %	freie Träger Anzahl	freie Träger %
unter 18	885	14,1	41	0,7	441	10,4	20	0,4	444	21,8	21	1,9
18 - 21	293	4,7	508	8,2	189	4,4	314	6,2	104	5,1	194	17,1
21 - 25	385	6,1	919	14,8	289	6,8	647	12,7	96	4,7	272	24
25 - 30	472	7,5	846	13,6	345	8,1	688	13,5	127	6,2	158	14
30 - 40	911	14,5	1.270	20,5	655	15,4	1.083	21,3	256	12,6	187	16,5
40 - 50	1.279	20,3	1.290	20,8	914	21,5	1.107	21,8	365	17,9	183	16,2
50 - 65	1.563	24,8	1.133	18,2	1.108	26,0	1.029	20,3	455	22,3	104	9,2
65 u. mehr	508	8,1	203	3,3	318	7,5	190	3,7	190	9,3	13	1,1
Insg. 1)	6.296	100	6.210	100	4.259	100	5.078	100	2.037	100	1.132	100

*) Ergebnisse der integrierten Wohnungsnotfallbericht-erstattung

Quelle: IT.NRW 2012

1) Abweichend von der Zahl der wohnungslosen Personen insg. Aufgrund fehlender Angaben zum Alter der Stadt Köln

- Neben den Personenmerkmalen wurden auch Informationen zu Wohnungsnotfällen auf Haushaltsebene erhoben, (Anzahl, Größe, Struktur, etc.): Die von den Kommunen untergebrachten 10.132 wohnungslosen Personen verteilten sich demnach auf insgesamt 6.419 Haushalte. Der Anteil der Alleinstehenden an allen wohnungslosen Haushalten liegt mit 72,4% bei fast drei Viertel; darunter waren alleinstehende Männer mit einem Anteil von 57,0% in der überwiegenden Mehrheit.

- Der Großteil (84,9%) der ordnungsrechtlich untergebrachten Personen war in Obdachlosen- oder sonstigen Unterkünften, die Übrigen in Normalwohnungen untergebracht, wobei die Obdachlosenunterkunft eher eine temporäre Unterkunft darstellt. Gut zwei Drittel der in Normalwohnungen untergebrachten Wohnungslosen wohnte hier bereits länger als 2 Jahre, in Obdachlosenunterkünften lag dieser Anteil mit 38,9% deutlich niedriger. Knapp ein Drittel

(31,7%) wohnte zwischen einem halben und zwei Jahren in einer Obdachlosenunterkunft.

- Mehr als ein Drittel (34,3%) der wohnungslosen und nicht ordnungsrechtlich untergebrachten Personen lebte vorübergehend bei Bekannten. Insbesondere für Frauen spielt diese Unterbringungsform eine herausgehobene Rolle (45,2%), bei den wohnungslosen Männern war fast jeder Dritte (31,9%) bei Bekannten untergebracht.
- Ebenfalls eine große Bedeutung für die Unterbringung Wohnungsloser stellten die stationären Einrichtungen nach § 67ff. SGB XII dar (Frauen: 22,9%, Männer: 29,5%). Weitere 9,3% der Wohnungslosen waren in einer Notunterkunft bzw. Übernachtungsstelle untergebracht. Ohne jegliche Unterkunft waren insgesamt 469 Personen, davon 423 Männer und 46 Frauen.

Wohnungslose Personen bei den freien Trägern nach Geschlecht und Art der Unterkunft*)	Stichtag: 30.06.2011					
	Wohnungslose Personen					
Art der Unterkunft	insgesamt		Männer		Frauen	
	Anzahl	%	Anzahl	%	Anzahl	%
bei Bekannten	2.116	34,3	1.607	31,9	509	45,2
stationäre Einrichtungen (§§ 67-69 SGB XII)	1.747	28,3	1.489	29,5	258	22,9
Notunterkunft/ Übernachtungsstelle	574	9,3	503	10,0	71	6,3
bei Familie, Partner/-in	469	7,6	335	6,6	134	11,9
ambulant betreute Wohnprojekte	414	6,7	370	7,3	44	3,9
ungesicherte Ersatzunterkunft	133	2,2	102	2,0	31	2,8
Gesundheitssystem	117	1,9	107	2,1	10	0,9
Haft	83	1,3	74	1,5	9	0,8
Hotel/Pension	32	0,5	29	0,6	3	0,3
Firmenunterkunft	6	0,1	6	0,1	0	0
Frauenhaus	10	0,2	x	x	10	0,9
ohne Unterkunft	469	7,6	423	8,4	46	4,1
Insgesamt 1)	6.170	100	5.045	100	1.125	100

Abweichend von der Zahl der wohnungslosen Personen insg. aufgrund fehlender Angaben zur Unterkunftsituation

*) Ergebnisse der integrierten Wohnungsnotfallberichterstattung

Quelle: IT.NRW 2012

- Bei der Wohnungslosenhilfe wurden am Stichtag insgesamt 10.721 Personen betreut. Davon zählten 6.316 bzw. 58,9% dieser Gesamtklientel zu den tatsächlich wohnungslosen Personen. In dieser Personengruppe überwiegten die Männer mit 5.164 bzw. 81,8% deutlich; die Zahl der Frauen lag bei 1.152 (18,2%).

(vgl. IT.NRW 2012, S.3-8)

1.3. Zwischenbilanz

Die Ergebnisse der verschiedenen statistischen Erhebungen belegen, dass obdachlose Frauen durchschnittlich über ein besseres Selbsthilfepotenzial verfügen, was ihre Gesamtsituation im Vergleich zu den Männern etwas positiver erscheinen lässt. So sind sie besser mit gesetzlichen Transferleistungen versorgt und seltener von prekären Einnahmesituationen betroffen. Zumeist sind sie zudem jünger und kürzer Obdachlos als die Männer, nutzen häufiger beratende Hilfeangebote und haben wesentlich häufiger eine Krankenversicherungskarte.

Während die Statistiken des BAG W nur alle 4-5 Jahre veröffentlicht werden und großenteils auf Schätzungen beruhen, erlaubt die jährlich durchgeführte Datenerfassung über die einzelnen Regierungsbezirke des Landes NRW ein wesentlich schnelleres Reagieren innerhalb der Sozialen Arbeit auf aktuelle Tendenzen und „Lücken" im Sozialhilfesystem, zumal, da durch die differenzierte Erfassung explizit auch der Problemlagen von Frauen mit berücksichtigt werden.

Wünschenswert wären eine nach Geschlechtern getrennte, jährliche bundesweite, einheitliche, qualitative Erfassung und Evaluierung über Personen im Wohnungsnotfall, ihrer Lebenssituation/ -lagen und der hieraus resultierenden Problematiken, die Wirkungsweise und Nachhaltigkeit konkret bestehender Maßnahmen sowie die Aufstellung adäquater, messbarer Zielgrößen und Vorkehrungen. Statistiken und in Auftrag gegebene Forschungsberichte verschiedener Bundesministerien der Justiz, Soziales und Integration, Gesundheit, Jugend und Familie sind zusammenzuführen und ge-

samtheitlich auszuwerten. Auf Grundlage der hieraus zu er-
mittelnden, wissenschaftlich fundierten Erkenntnisse können
im Anschluss innovative Strategien und Ideen zur dauerhaften Abschaffung von Obdachlosigkeit entwickelt werden; gerade hier besteht in Deutschland derzeit noch ein erheblicher
Nachbesserungsbedarf!

Hilfesysteme sind eine gesellschaftlich wichtige Ressource
für Alle!, die bei Vorliegen einer Notlage durch die hiervon
betroffenen Personen unbürokratisch mobilisiert und zeitnah
in Anspruch genommen werden sollen: hierauf besteht ein
Rechtsanspruch! Auch wenn in Deutschland ein relativ eng-
maschiges Netz unterschiedlicher Angebote besteht, fehlt es
häufig an einer kooperativen Zusammenarbeit innerhalb der
verschiedenen Einrichtungen und Institutionen. Gerade Obdachlose scheitern aufgrund ihrer besonderen multiplen Problemlagen häufig an dem z. Z. praktizierten und instrumenta-
lisierten Verwaltungsaufwand, strukturellen Zwängen und für
sie nicht durchschaubarer Abläufe und Verfahren. Allzu oft
können sie die behördlich eingeforderte Mitarbeit nicht mehr
leisten; was fehlt sind alternative Lösungsstrategien für eine
Verselbständigung durch Selbsthilfe.

Bleibt die Frage, wie bei immer knapper werdenden Haus-
haltsbudgets der Länder und Kommunen und einer mangelnden sozialpolitischen Bereitschaft für einen Paradigmenwechsel sinnvoll eine konkrete Umsetzung notwendiger und
dauerhaft angelegter Hilfemaßnahmen realisiert werden sollen und können.

2. Sozialraumorientierung und „Alltags-bewältigung" obdachloser Frauen

Nachfolgend soll explizit darauf eingegangen werden, welche Faktoren/ Aspekte bei obdachlosen Frauen - unter Berücksichtigung ihrer Geschlechtlichkeit - das Eintreten eines Wohnungsnotfalles begünstigen können, wie sie die Ursachen und Folgen ihres Wohnungsverlustes in ihrer subjektiven Wahrnehmung selbst reflektieren und welche Taktiken/ Handlungsweisen sie entwickeln, um ihr tägliches Dasein und ihre Existenzsicherung im öffentlichen Raum zu organisieren.

Menschen sind in ihrer Alltagswirklichkeit nicht statisch, sondern unterliegen fortlaufenden Veränderungsprozessen. Sie sind in ihrem Fühlen und Denken von ihrer Umwelt/ Gesellschaft und Geschichte geprägt, gleichzeitig erzeugen sie Gesellschaft, und gestalten permanent aktiv ihre Umwelt mit, indem Sie die Fähigkeit besitzen, Erleben zu veräußern und sich dadurch „ihre Welt" aneignen. Subjektivität ist eine Eigenschaft der Menschen, allerdings nicht im Sinne ihrer Persönlichkeitsstruktur oder ähnlicher substantieller Eigenschaften, sondern im Sinn ihres individuellen Verhältnisses zu sich selbst und ihres Verhältnisses zur Umwelt. Städte/ Stadtstrukturen erfordern von ihren Bewohnern ein hohes Maß an Selbstorganisation; immer sind sie Orte mit Herausforderungen für die eigene Identität, vor allen in Bezug auf die Alterität der Anderen.

Bei der Frage nach der *„spezifischen Alltagswirklichkeit"* obdachloser Frauen, deren Dasein tagtäglich durch ungesicherte Lebenslagen und existenzbelastenden Faktoren bestimmt wird, und ihren Strategien der *„Alltagsbewältigung"*, um sich im Mikroklima der Stadt täglich zurechtzufinden und durchzukommen, ist im wesentlichen zu unterscheiden zwischen:

- Individueller Sozialraumerfahrung
- Bewältigung von „Stadtraumproblematiken"
- die tägliche Organisation notwendiger Bedarfsgüter
- Nutzung vorhandener Angebote und Hilfeeinrichtungen

Die Wohnung als Daseinsmittelpunkt und Zentrum des privaten Lebens erfüllt vielfältige Funktionen: über ihre Einrichtung/ ihren Komfort repräsentieren ihre Bewohner ihren sozialen Status und ihre bspw. ethnische/kulturelle Gruppenzugehörigkeit. Gleichzeitig symbolisiert sie die Besonderheit des unverwechselbaren Ichs und dient als Mittel zum Ausdruck von Individualität. Trotz Auslagerung der Erwerbsarbeit ist sie ein Ort vielfältiger Arbeit *(vgl. Häußermann, Siebel 1996, S.44)*. Neben Hausarbeit bietet sie Raum zur Einlagerung div. Güter, dient als Ort der Kindererziehung, der Betreuung von kranken oder pflegebedürftigen Familienangehörigen und als Ort der Repräsentation, Geselligkeit/ Unterhaltung, der Erholung, der Körperlichkeit und Intimität *(vgl. ebd., S. 48)*.

Der Verlust der Wohnung ist ein massiver Einschnitt in der Biografie eines Menschen, da er gleichzeitig mit dem Verlust eines Teils der persönlichen Identität und einer Möglichkeit zur sozialen Unterscheidung verbunden ist. Die an eine Wohnung gekoppelten Funktionen des alltäglichen Lebens können nicht mehr ohne weiteres ausgeführt werden und bedürfen einer völlig neuen Organisation.

2.1. Der Wohnungsnotfall bei obdachlosen Frauen - Ursachen und Aspekte

2.1.1. Besondere frauenrelevante Aspekte des Wohnungsnotfalles

Der sozialrechtliche Sektor umfasst seit Einführung des SGB XII auch von Wohnungslosigkeit betroffene Frauen, die sich in Frauenhäusern aufhalten oder vorübergehend anderweitig untergekommen sind. Vor allem die Einbindung von *„gewaltgeprägten Lebensumständen"* und die Hilfen bei drohendem Wohnungsverlust sowie bei der Beschaffung einer Wohnung verbessern die Position betroffener Frauen maßgeblich, da bedarfsbezogene *„frauenspezifische Aspekte"* sowie die besondere Bedeutung der familiären und sozialen zwischenmenschlichen Beziehungen mit aufgegriffen wurden. Doch kommen noch immer viele Einrichtungen i. d. R. bei der Unterbringung in Notschlafstätten und Gemeinschaftsunterkünften dem besonderen Schutzbedürfnis von Frauen nicht entgegen, ihre Situation erscheint gerade hier besonders hart und ungesichert *(vgl.: SKM Katholischer Verein für soziale Dienste im Rhein-Sieg-Kreis e.V. 2012, o. S.).*

So findet man in den Wohnungsnotfall-Unterkünften für Frauen eine bunte Mischung von Personen, die nach ihrer Entlassung aus dem Strafvollzug hier ihre erste Bleibe finden, Frauen mit Suchterkrankungen und Drogenabhängigkeit, verhaltensauffällige Frauen, die sich sozialer Integration verweigern oder dazu nicht in der Lage sind, Frauen mit gesundheitlichen oder psychischen Erkrankungen (ca. ein Drittel mit gravierenden psychischen Problemen) und Frauen mit erheblichen Mehrfachbeeinträchtigungen *(vgl. BAG W 2008, S.15)*. Oft kommen weitere Probleme wie Überschuldung und Erfahrungen mit häuslicher oder sexueller Gewalt hinzu, die individuellen Ressourcen sind erschöpft, Perspektivlosigkeit prägen die momentane Lebenslagensituation: viele Betroffene sind nicht mehr in der Lage, Hilfeangebote in Anspruch zu nehmen; teils weil sie von diesen nicht erreicht werden, teils weil sie diese ablehnen.

Obdachlose Frauen in ungesicherten Wohnsituationen beschreiben ihre vorübergehende Unterkunft mit ambivalenten Gefühlen zwischen Zufriedenheit und einer grundlegenden Akzeptanz der akuten Situation als Übergangsregelung. Viele suchen Schutz, Sicherheit, Ruhe und unterlegen dies mit der Frage nach einer individuellen Zukunftsperspektive, weil sie das Wohnen in sozialen Einrichtungen mit Hilfe verknüpfen bzw. als Hilfeprozess der Verbesserung ihrer Lebenssituationen empfinden *(vgl. Enders-Dragässer, Sellach 2005, S.26)*. Unter objektiver Betrachtung des akuten Wohnungsnotfalles bei Frauen ist zu berücksichtigen, dass:

- Die wenigsten obdachlosen Frauen tatsächlich auch Wohnungslos sind, wie u. a. die Statistiken belegen. Aus Angst vor nächtlichen Übergriffen sind „klassische Übernächtlerinnen" sprich: Frauen, die ein Leben „auf der Platte" führen, faktisch in der Wohnungslosenhilfe kaum anzutreffen *(vgl. Malyssek, Storch 2009, S.29)*.
- Frauen finden i. d. R. aufgrund ihrer stärkeren Ortsgebundenheit und besserer Einbindung in soziale Netzwerke in akuten Notsituationen kurzfristig eine vorübergehende Unterkunft und Hilfe bei Bekannten *(vgl. ebd. S.29)*. Schaf-

fen sie den Weg in eine Beratungsstelle oder holen sich behördlicherseits Hilfe, werden sie stufenweise in Unterkünften aufsteigender Qualität integriert und ggf. in therapeutischen Einrichtungen versorgt.

Um einzelne Aspekte des Wohnungsnotfalls näher zu erläutern, werden nachfolgend besondere Frauen-Problematiken an den Beispielen häuslicher Gewalt, Gesundheit sowie psychische Belastungen und/oder Suchtabhängigkeiten aufgezeigt. Auf Thematiken wie ethische/ kulturelle Hintergründe, Behinderung oder Frauen mit Kindern und heranwachsende/ minderjährige obdachlose Frauen wird an dieser Stelle bewusst nicht näher eingegangen, da dies im Rahmen dieser Arbeit zu weit führen würde.

2.1.2. Frauenproblematiken nach häuslicher Gewalterfahrung

Häusliche Gewalt ist in unserer Gesellschaft die am weitesten verbreitete Form von Gewalt; oft wird sie nicht öffentlich sichtbar, geschieht im privaten Raum, wird als „Privatsache" oder „Familienstreitigkeit" herunter gespielt. Zeitlich begrenzte Wohnungsverweise, Strafverfahren und Täterprogramme nehmen zwar die Täter in die Verantwortung, wirken aber nur begrenzt und bieten keinen dauerhaften Schutz der Opfer. Frauenhäuser und Frauenberatungsstellen weisen seit Jahren immer wieder auf die Schweregrade, die langfristigen, vor allem psychischen Folgen für den weiteren Lebensverlauf betroffener Frauen und die Notwendigkeit, häusliche Gewalt auf breiter Ebene präventiv zu bekämpfen, hin *(vgl. Brückner 2002: S. 57ff; BMFSFJ; WiBIG 2004: S.23).*

Frauen „flüchten" - vor allem bei latentem Wohnungsverlust-übergangsweise zu Bekannten/ Verwandten oder in Frauen-häuser, werden als Obdachlos oft erst gar nicht erfasst *(vgl. Malyssek, Störch 2009, S.29).* Gelingt Frauen die Loslösung aus einer gewaltbelasteten Partnerschaft, sind viele von ih-nen in besonderer Weise auf Sozialtransfers angewiesen, wenn sich die Grundlagen ihrer Existenzsicherung oder ihrer Einkommenssituation dramatisch mit der Loslösung verän-dert. Immerhin haben zwei Drittel der Frauen, die Zuflucht im Frauenhaus suchen, zu betreuende Kinder dabei. Verweigern die Partner/ Ehemänner Unterhaltsleistungen, erfolgt vorläu-fig eine Mindestsicherung nach dem SGB II. 41% der Frauen, die in Frauenhäusern untergekommenen sind, waren schon zuvor auf finanzielle, staatliche Hilfe angewiesen. Während des Aufenthalts erhöht sich dieser Anteil im Mittel auf 71%, nur rund 15% der Frauen leben weiterhin von einem eigenen Erwerbseinkommen *(vgl. BMAS 2008, S.172).*

Eine Studie aus 2004 im Auftrage des BMFSFJ ergab, dass jede vierte Frau zw. 16 und 85 Jahren mind. einmal körperli-che und/oder sexuelle Übergriffe durch einen Beziehungs-partner erlebte. Im europäischen Vergleich liegt Deutschland damit im mittleren bis oberen Bereich *(vgl. BMFSFJ 2004, S. 9ff).*

Psychische, physische und sexuelle Gewalt in Paarbeziehun-gen -vornehmlich fortgesetzte Gewalt und Misshandlungen-sind oftmals durch eine differenzierte Kombination und Ku-mulation unterschiedlicher Gewaltformen und -handlungen gekennzeichnet. Bei der Schwere von Gewalthandlungen ist zwischen dem Grad der Bedrohlichkeit und dem Ausmaß der

Folgen spezieller Gewalthandlungen zu unterscheiden. So gab das BMFSFJ im Jahr 2008 erneut eine Studie in Auftrag, um ein differenzierteres Bild über die unterschiedlichen Formen, Schweregrade und Muster von Gewalt gegen Frauen zu erhalten *(vgl. BMFSJ 2012, S.6)*. Die Analyse ergab u. a., dass zw. 75-94% der betroffenen Frauen in der Situation ausgeübter Gewalt Angst vor lebensgefährlichen Verletzungen hatten, 73-95% trugen reale Körperverletzungen -wie Knochenbrüche, Würgemale, innere Verletzungen- unterschiedlichen Schweregrades davon, psychische Folgeschäden benannten 89-94% und langfristige psychosoziale Folgen 71-75% sowie 46-54% der Betroffenen litten unter Beeinträchtigungen im Arbeitsleben infolge der Gewalterfahrungen *(ebd.; S.10; Tabellenanhang Tabelle3)*. Bei sexuellen Gewaltübergriffen spielte es für 98% der betroffenen Frauen hinsichtlich der Folgen und der subjektiv erlebten Bedrohlichkeit und Gewaltwahrnehmung keine Rolle, ob es sich und vollendete oder versuchte Vergewaltigung oder sexuelle Nötigung handelte. 30% der Frauen fühlten sich lebensgefährlich bedroht, 41% trugen körperliche Verletzungen davon, 18% der Frauen fühlten sich nicht mehr in der Lage, ihren täglichen Aufgaben oder ihrer Arbeit im gewohnten Maße nachzugehen. 87% nannten psychische und 56% langfristige psychosoziale Folgen nach sexueller Gewalterfahrung *(ebd., S.12; Tabellenanhang Tabelle 4,5)*.

Ein Fazit der Studie ist, dass bei den vom Partner verwendeten Mustern und Schweregraden multiple Formen von extremer Eifersucht/ Kontrolle, Dominanzverhalten, psychisch-verbalen Aggressionen und Demütigungen, sexuellen Übergriffen, ökonomischer Kontrolle, Drohung und Einschüchterung sowie sozialer Isolation der Frauen beinhalteten und diese sich in Trennungs- bzw. Scheidungssituationen sowie unter Alkoholeinfluss der Partner extrem verstärkten *(ebd., S.20)*. Haben Frauen es geschafft, sich aus diesen Situationen zu lösen, leiden sie oft noch über Jahre hinweg an den Folgen der Gewalterfahrungen. Viele fühlen sich nicht mehr in der Lage, sich aus lange Zeit ertragener sozialer Isolation wieder heraus zu lösen, können keine geordneten Alltagsstrukturen aufrecht erhalten oder einer geregelten Arbeit nachgehen; ihre Ressourcen sind erschöpft. Die Funktion einer Wohnung -als eigentlich beschützender Raum, Rückzugsrefugium und Ort der Regeneration- hat für Frauen mit Gewalterfahrung subjektiv massiv an Wertigkeit verloren und wird mit den gemachten Erlebnissen verbunden. Für sie empfiehlt sich eine übergangsweise, schutzbietende Unterbringung in stationären- oder betreuten Wohneinrichtungen, um ihnen die substanziellen Funktionen einer Wohnung wieder erfahrbar zu machen. Vielen gelingt es nur mit Hilfe langandauernder sozialpsychologischer Unterstützung/ Begleitung in „normale" Wohnverhältnisse zurückzukehren *(vgl.Malyssek, Störch 2009, S.32)*.

2.1.3. Gesundheit und Krankheit

„*Ressourcen und Belastung bestimmen gemeinsam das Wohlbefinden, den Gesundheitszustand und die Gestaltungsfähigkeit von Frauen.*" *(Otawa Charta WHO 1986; in Enders-Dragässer; Sellach 2005, S.134)*

Auf der Grundlage von Erkenntnissen aus der Frauengesundheitsforschung sowie nationaler Gesundheitsberichte des

BMFSFJ (erster für den Zeitraum von 1998-2000) liegt heutigen Gesundheitskonzepten ein Lebensweltbezogenes Verständnis von Gesundheit und Krankheit bei Frauen zugrunde, demzufolge sich subjektive Deutungen des Krankheitszustandes/ körperlichen Wohlbefindens im Lebenslauf durch Körperereignisse, die soziale Eingebundenheit, unterschiedlichen Erwerbsstatus und die Anzahl eigener Kinder verändert und damit die funktionale Lebensfähigkeit bestimmt *(vgl. BMFSFJ 2002, S.185)*. Geschlechtsspezifische Unterschiede werden auf biologische, altersbedingte, erworbene und psychosoziale Risiken und soziale Lebenslagen zurückgeführt bzw. auf eigenes Körpererleben, entsprechende Krankheitseinsicht, schlechtes Gesundheitsverhalten und Erfahrungen mit dem Gesundheitssystem selbst.

In 2008 hatten ca. 44% der Klientinnen der Wohnungslosenhilfe in den sechs Monaten vor Hilfebeginn keinen Arzttermin mehr wahrgenommen, ca. 64% leiden an erkennbaren oder bekannten gesundheitlichen Störungen oder chronischen Erkrankungen *(vgl. BAG W.: Statistikbericht 2010, O.S.)* Gesundheitsgefährdendes Handeln, wie bspw. übermäßiger Tabletten- oder Alkoholkonsum, sind für Frauen ein Ausdruck ihres individuellen Umgangs mit Anforderungen aus der alltäglichen Lebenssituation und damit Teil ihres Gesundheitshandelns, wobei bei Frauen von einer höheren Symptomaufmerksamkeit als bei Männern auszugehen ist *(vgl. BMFSFJ 2002, S. 187)*.

Beim Gesundheitshandeln entwickeln obdachlose Frauen - unter Berücksichtigung der zur Verfügung stehenden Ressourcen- spezifische Strategien, indem sie in schwierigen Situationen die Fähigkeit besitzen, als handelndes Subjekt zu agieren, Überforderungen zu vermeiden, erlebte Gefühle emotional umzusetzen sowie Widersprüche aus verschiedenen Lebensanforderungen auszuhalten und zu integrieren. Wichtig hierfür sind u. a. die Inanspruchnahme eigener sozialer Netzwerke zum Kommunikationsaustausch und für häusliche Unterstützung *(vgl. Enders-Dragässer; Sellach 2005, S.135, 136).* Obdachlose Frauen verbinden durchgängig Fragen nach ihrem gesundheitlichen Zustand mit ihrer körperlichen Mobilität, psychischen Belastungen und damit, inwieweit ihr Handlungsspielraum bzgl. einer Erwerbsarbeit eingeschränkt wird, da für sie eine Erwerbsarbeit ausschlaggebend für die Erweiterung ihres äußerst eingeschränkten wirtschaftlichen Handlungsspielraumes und ökonomischer Unabhängigkeit ist *(vgl. ebd., S.159).*

Schon 1995 wies die BAG W in ihrem Positionsbericht „Gesundheit und Krankheit bei wohnungslosen Frauen" auf eine erhöhte Erkrankungswahrscheinlichkeit bei obdachlosen Frauen durch Defizite ihrer Gesundheitsversorgung, bestehende Lebensumstände wie materielle Not, psychische Belastungen, Angstzustände durch Gewaltbedrohung, Stress, herabgesetzte Immunabwehr, mangelnde Hygiene und Ernährung, Blockaden in der Eigenwahrnehmung als krankheitsauslösende und -fördernde Faktoren hin *(vgl. BAG W 1995, S. 5).* Frauen in einer Wohnungsnotfallproblematik werden medizinisch der Gruppe von Frauen „in besonderen sozialen Lagen" zugeordnet, wobei gerade dieser Gruppe durch das Gesundheitsmodernisierungsgesetz (GMG) aus dem Jahr 2004 zusätzlich massive Zugangsbarrieren zum medizinischen Regelsystem aufgebaut wurden.

Die Inanspruchnahme medizinischer Leistungen wird durch Zuzahlungen (für Hilfsmittel, Zahnersatz, etc.), Kosten für nicht-verschreibungspflichtige Medikamente oder die Hochschwelligkeit des Arztpraxen Zuganges (bspw. durch Praxisgebühr, lange Wartezeiten für Termine, ungeklärte oder fehlende Krankenkassen-/Versicherungsverhältnisse etc.) erschwert, viele können diese Zusatzbelastungen aus ihrem monatlichen Budget heraus nicht bestreiten. Das Erlangen eines Befreiungsausweises für Zuzahlungen gemäß den Krankenhilferegelungen ist mit kompliziertem, bürokratischen Verwaltungsaufwand und aktiver Patientenmitarbeit verbunden. Zudem wird das Vorhandensein eines Kontos vorausgesetzt (bargeldloser Zahlungsverkehr), es fehlt an einer häuslichen Umgebung zur Gesundung; alles Punkte, die in einer Wohnungsnotfallsituation nicht mehr erbracht werden können. Weitere Faktoren, die eine medizinische Versorgung von obdachlosen Frauen erschwert, sind u. a.:

- Fehlende Geschlechts- und/oder bedarfsgerechte medizinische Angebote
- Schlechte Erfahrungen der Patientinnen mit dem medizinischen Regelsystem und/oder institutioneller Hilfe
- Misstrauen gegenüber institutioneller Hilfe
- Kommunikationsstörungen im Behandlungskontakt oder eine durch Suchtmittelabhängigkeit veränderte Bewusstseinslage, die eine Diagnostik/ Behandlung erschweren
- Aggressives Verhalten
- Selbstverletzendes Verhalten
- Schlechte Körper- und Kleiderhygiene
- Begrenzte oder fehlende Krankheitseinsicht, mangelnde Motivation zur Mitwirkung

Die medizinische Notfallversorgung über mobile Hilfen der Wohnungslosenhilfe-Einrichtungen ist im hohen Maße von Spenden und freiwilligem Engagement abhängig und garantiert vor allem in strukturschwachen Regionen keine flächendeckende Versorgung *(vgl. BAG W-Position 2008, S.5, 7).*

So werden gravierende gesundheitliche Beschwerden von Frauen in besonderen schwierigen Lagen oft nur unzureichend vom medizinischen Versorgungssystem erfasst. Häufig liegen zudem additative und multidimensionale Krankheitsbilder mit zusätzlicher Suchtproblematik und/oder einer (drohenden) Behinderung aufgrund chronischer Krankheitsverläufe vor. Neben einem allgemein erschöpften Zustand liegen als häufigste Erkrankungen körperliche Beschwerden wie Bluthochdruck, arterielle und venöse Durchblutungsstörungen mit Taubheitsgefühl, Infektionen etc. mit 97% vor, gefolgt von Atemwegserkrankungen (53%), Hauterkrankungen (44%), akuten Verletzungen und Wunden (16%) sowie schwere chronische Erkrankungen mit 15%. Auffallend sind zudem der hohe Anteil an Leber- und Nierenerkrankungen, AIDS und Krebsbefunden *(vgl. BSGF 2001, S.509).*

Um eine bedarfsgerechte Gesundheitsversorgung für diese Patientinnen zu gewährleisten, müssten stationäre Behandlungen, Krankenhausaufenthalte, die Genehmigung dringend notwendiger Reha- oder Therapiemaßnahmen, eine geringere Zugangsvoraussetzung bei sofortiger unbürokratischer Hilfe beinhalten. Die Behandlungen selbst sollten eine Wahlfreiheit -unter Berücksichtigung der Geschlechtlichkeit- der behandelnden Fachkräfte/ Ärzte/innen beinhalten.

2.1.4. Frauenproblematiken durch psychische Belastungen und/oder Suchtabhängigkeiten

Allgemein lässt sich feststellen, dass psychisch kranke Menschen mit geringer Krankheitseinsicht zunehmend im öffentlichen Raum anzutreffen sind *(vgl. Malyssek, Störch 2009, S.24)*, sich in Notunterkünften wiederfinden oder gänzlich auf der Straße leben.

Obdachlose Frauen leiden aufgrund krisenhafter bzw. traumatisierender Extremerfahrungen oft unter psychischen Belastungsstörungen und/oder an Suchtproblemen, lassen sich aber erst sehr spät oder gar nicht auf ambulant unterstützende oder stationäre Hilfen ein *(vgl. ebd. S.29)*. Sie bezeichnen sich in den seltensten Fällen selbst als psychisch krank. Ihre Hilfeerwartungen beziehen sich eher auf ihr soziales Umfeld, bspw. aktuelle Probleme ihrer Wohn- und Lebenssituation. Ohne Behandlung ihrer krankheitsbedingten Defizite besteht für sie eine erhöhte Gefahr, dauerhaft in der Wohnungsnotfallhilfe zu verbleiben.

In vielen Notunterkünften besteht zwischen den untergebrachten Frauen - aufgrund mangelnder Bewältigungsmöglichkeiten bzgl. ihrer Problemlagen - wenig Solidarität; mitunter es kommt zu erheblichen Konflikten. Viele psychisch kranke Frauen empfinden ihre Unterbringung als fremd und beängstigend, was sich wiederum verstärkend auf depressive Rückzugstendenzen auswirken kann *(vgl. BAG W 2008, S.14)*. Häufig sind sie unversorgt und haben keinen Kontakt zu Angeboten des Sozialpsychiatrischen Hilfesystems noch verfügen sie über ein ausreichend abgesichertes Soziales Netzwerk in ihrem Nahbereich. Neben (manifesten) unterschiedlichen Persönlichkeits- oder affektiven Störungen liegen zu-

dem additive- oder Mehrfacherkrankungen, (u. a. mit anam-
nestisch bestehenden Auffälligkeiten) vor. Ihre sozialen
„Schwierigkeiten" äußern sich bisweilen in Problemen mit der
eigenen Hygiene, im fehlenden sozialen Umgang mit Mitmen-
schen, nicht adäquatem Umgang mit Geld, mangelnder Kompetenz zur Selbstversorgung etc. *(vgl. BAG W 2008, S.14).*
Seit den 90er Jahren wurden mehrere Studien zum Ausmaß
psychischer Erkrankungen unter Berücksichtigung der Mehr-
fachproblemlagen bei wohnungslosen Männern durchgeführt,
jedoch hatte bislang nur eine Studie aus München (1998) von
Greifenhagen und Fichtner explizit die psychischen Belastungen wohnungsloser Frauen zum Thema. Hinzugefügt werden muss allerdings, dass die Studie auf der Befragung einer
sehr kleinen Gruppe von lediglich 32 Personen beruht. Hier-
nach sind die Frauen in der Regel jünger und kürzer wohnungslos als Männer; jedoch leiden sie in höherem Maße an
psychischen Erkrankungen. Neben verschiedenen strukturellen Problemen - wie dem Auseinanderdriften typisch weiblicher Rollenklischees - und ihrer akuten Lebenssituation,
weist die Studie auf die Bedeutung von sexuellem Miss-
brauch und sexueller Gewalt bei der Entwicklung psychischer
Erkrankungen hin.[3] Vergleichende Untersuchungen mit Patientinnen psychotherapeutischer Einrichtungen sowie die
Bundesstudie über „Gewalt gegen Frauen in Paarbeziehungen" (2012) bestätigen dieses Ergebnis. Gemeinsam ist die
Erkenntnis, dass es sich bei den betroffenen Personen um
eine hoch belastete Gruppe mit einer hohen Rate von Mehr-
fachdiagnosen handelt *(vgl. BAG W 2008, S.1-3).*

---

[3] 66% der Frauen berichteten über sexuelle Übergriffe und massive
Gewalterfahrungen.

Lt. Erhebungen größerer Facheinrichtungen fallen unter den zu betreuten Obdachlosen vor allem die hohe Zahl körperlich und seelisch angegriffener Personen - insbesondere chronische Alkoholiker bis hin zum Grenzbereich der Pflege -, bei denen „klassische" (Re)Sozialisationsmaßnahmen nicht mehr greifen *(vgl. Malyssek, Störch 2009, S.24)* sowie unter den Frauen vermehrt Personen mit Selbstschädigungstendenzen (Borderliner) und verhaltensauffälligem, aggressivem Gruppenverhalten auf *(ebd., S.29)*.

Obdachlose Frauen mit psychischen Erkrankungen und Suchtabhängigkeiten sind i. d. R. bei Krankheitseinsicht in der Lage, einen Zusammenhang zwischen ihren Erfahrungen/ Erlebnissen und ihrer Erkrankung herzustellen. Als bedeutsam für ihre gesundheitliche Situation bewerten diese Patientinnen geschlechtsspezifische, krisenhafte bzw. traumatisierende Extremerfahrungen, wie Identitäts- und Existenzkrisen durch Beziehungen, der Verlust von Kindern oder Angehörigen, Wohnungsnot oder soziale Isolation und die Auswirkungen geschlechtsbedingter Arbeitsleistungen und Hierarchisierungen. Gleichzeitig fühlen sie sich aber bei der Bewältigung ihrer Problematiken nicht genügend akzeptiert und unterstützt; sind enttäuscht, dass Biographie und Vorgeschichte ebenso wie ihre Rollenambivalenz und Beziehungsschwierigkeiten bei der Therapie in psychiatrischen Einrichtungen zu wenig beachtet werden *(vgl. Enders-Dragässer; Sellach 2005, S.136, 158)*. Viele Frauen lehnen eine Behandlung von vornherein ab oder brechen sie - aufgrund negativer Erfahrungen oder weil sie diese als zu starken Druck/ Reglementierung und Freiheitsentzug wahrnehmen - vorzeitig ab.

In Frauengerechten Angeboten der Wohnungslosenhilfe wie Tagestreffs, Übergangseinrichtungen, Frauenpensionen, betreutes Gruppen- oder Einzelwohnen etc., fühlen sie sich hingegen wesentlich besser aufgehoben und akzeptiert, da hier zum einen ihrem Ruhebedürfnis entsprochen wird und zum anderen sie sozialarbeiterische, persönliche Hilfen mit bedarfsgerechten Angeboten auf freiwilliger Basis nutzen können. Aus der Erkenntnis, dass Frauen ihre Suchtabhängigkeit weniger als Erkrankung bewerten, sondern eher als mit verursachende Begleiterscheinung ihrer Wohnungsnotfallproblematik sehen, können längerfristig Einrichtungen mit geringen Zugangsbeschränkungen, die weder eine Krankheitseinsicht noch Abstinenz voraussetzen, stabilisierend wirken, insbesondere, da hier die Frauen über professionelle Gesprächsangebote eher zur Krankheitseinsicht gelangen und zu einer ihren Problemlagen entsprechenden Therapie motiviert werden können *(vgl. ebd., S.143)*.

Als positives Beispiel für eine geschlechtsbezogene Unterstützung für obdachlose Frauen sind die „Frauenpensionen mit Sozialpsychiatrischen Hilfesystem und Suchthilfe" zu nennen. In ihren Beratungsstellen erhalten obdachlose Frauen allgem. Informationen zu Therapiemöglichkeiten und professionelle Unterstützung bei der Erstellung von individuellen Hilfeplänen zur zielgerichteten Verbesserung ihrer Lebenssituation. Im Notfall wird praktische Krisenintervention vor Ort geleistet. Frauenpensionen besitzen eine geringe Zugangsvoraussetzung und bieten in einem vergleichsweise geschützten Rahmen vorübergehend Unterkunft. Die Aufnahme erfolgt bei Vorliegen von Obdach- oder Wohnungslosigkeit; die Frauen müssen von ihrer körperlichen Verfassung her in

der Lage sein, sich selbst zu versorgen. Sofern die aufge-
nommenen Personen nicht in der Lage sind, die Kosten der
Unterbringung selbst zu tragen, erfolgt die Übernahme entsprechend dem § 16 SGB II über Tagessätze für Unterkunft
und Betreuung.

Auffällig in den Frauenpensionen ist der unter den hilfesuchenden Frauen konstant hohe Anteil an psychisch auffälli-
gen/kranken Personen mit Mehrfachbeeinträchtigungen, die -
aufgrund fehlender Krankheitseinsicht - den sozialpsychiatrischen Regelangeboten gegenüber nicht zugänglich sind, diese aber trotzdem aufsuchen, weil hier ihrem Bedürfnis „nach
Ruhe" entgegengekommen wird. Aufgrund von Unkenntnis
oder Vorurteilen haben viele Frauen Hemmnisse/ Blockaden
gegenüber „der Psychiatrie". Über Beratungsgespräche wird
versucht, den Frauen - mit einer eindeutig psychiatrischen
Grundproblematik - ein Bewusstsein für ihre Situation zu vermitteln sowie Möglichkeiten der Therapie aufzuzeigen (Förderung der „Krankheitseinsicht"). Durch eine enge Vernet-
zung zwischen den Hilfeangeboten der Sozialpsychiatrie und
der Wohnungsnotfallhilfe wird in einem zweiten Schritt den
Kontakt zu einer sozialpsychiatrischen Mitarbeiterin (SpDi)
hergestellt. Gelingt die Kontaktaufnahme, wird in einem dritten Schritt über einen persönlichen Vertrauens-/ Beziehungs-
aufbau (Entwicklungsarbeit) versucht, individuelle Beratung
und Hilfestellung bzgl. Therapiemöglichkeiten unter Berücksichtigung der weiteren Lebensperspektive zu leisten. Über
Angebote Gemeindepsychiatrischer Dienste und Einrichtungen - wie die freiwillige Geldverwaltung, Tagesstätten mit ta-
gesstrukturierenden, unterstützenden und versorgenden Angeboten, Arbeitsangebote, Gruppenaktivitäten etc. - soll die
Distance zum sozialpsychiatrischen Hilfesystem weiter abge-

baut werden mit dem Ziel, den chronisch erkrankten Bewoh-
nerinnen das Überwechseln in das sozial-psychiatrische Hilfesystem zu erleichtern *(vgl. BAG W 2008, S.14, 15)*.

Die Tatsache, dass bedarfsgerechte Hilfeangebote noch immer nicht flächendeckend in genügender Anzahl vorhanden
sind, sich teilweise im Aufbau befinden und viele erst in die
Regelpraxis umgesetzt werden müssen und es lange Wartezeiten bei der Aufnahme in Therapie- und Reha-Maßnahmen
gibt, führen oft zu einer dramatischen Zuspitzung der Notlage obdachloser Frauen.

2.1.5. Ursachen der Wohnungsnot und ihre subjektiven Deutungsmuster

In ihrem Forschungsbericht[4] aus 2005 beschäftigten sich Enders-Dragässer und Sellach mit den subjektiven Deutungsmustern obdachloser Frauen im Kontext des Lebenslagenan-
satzes. In den durchgeführten Interviews befragten sie betroffene Personen u. a. dahingehend, inwieweit sie ihre eigenen psychischen Belastungen, Gewalterfahrungen sowie ihre
Sucht- und Alkoholabhängigkeit mit dem eingetretenen Wohnungsnotfall in Verbindung bringen.

---

[4] Als Datengrundlage dienten Ergebnisse früherer, eigener Forschungsberichte, Frauen- bzw. genderspezifische Forschungspro-
jekte des Institutes für Frauenforschung und der Wohnungslosenhilfe sowie die Auswertungen von 37 - im Rahmen der Einzelfallanaly-
sen - bundesweit durchgeführten qualitativen Interviews.

Auffällig war, dass die Frauen eine bewertende Reflektion ihrer vielfältigen, früheren Erfahrungen und erlebten Situationen nur bei gleichzeitigen prospektiven Betrachtungen ihrer Zukunftswünsche schildern konnten. Die Antworten fielen sehr unterschiedlich und differenziert aus; wobei sich drei typische Erklärungsmuster heraus bildeten:

• Soziales Nahfeld: differenziert zwischen Problemen in/ durch eine Partnerschaft/ Ehe und interne Familienproblematiken.

• Gesundheitliche Beeinträchtigung/ Schädigungen durch Behinderung und/oder schwerer Erkrankung, als Folge von Gewalteinwirkung sowie Suchtabhängigkeiten incl. verbundener Haft bzw. Klinikaufenthalten.

• aus allgemeiner Ressourcenlosigkeit resultierende wirtschaftlichen Probleme wie Aufgabe/ Verlust des Arbeitsplatzes oder genereller Erwerbslosigkeit, Mietschulden, ökonomische Kontrolle durch den Partner/ Ehemann oder Institutionen.

Viele Frauen waren bei der Schilderung ihrer Problemlagen - meist durch Traumatisierungen und stark belastende negative Erinnerungen- emotional sehr angespannt. Vor allem Wut, Enttäuschung, Versagensgefühle mit Selbstvorwürfen und eigene Schuldzuweisungen bis hin zu Panikattacken prägten die emotionale negative Bandbreite während der durchgeführten Interviews. Gleichzeitig äußerten sie aber auch positiv gemachte Erfahrungen durch das Erleben von Freiheit und Entlastung nach der Beendigung von unerträglichen Wohn- und Beziehungssituationen, vor allem dann, wenn sie sich selbst retrospektiv als „aktiv Handelnde" bewerteten *(vgl. Enders-Dragässer, Sellach; 2005, S.36 -46).*

a) Soziales Nahfeld, Partnerschaft und Familienstrukturen:

Probleme im Nahfeld ergaben sich als Folge von schweren Schicksalsschlägen (bspw. Pflegebedürftigkeit Angehöriger, Tod eines Familienmitgliedes) und durch komplexe Konflikt-konstellationen innerhalb der Familie oder einer früheren Heimunterbringung als Konsequenz auseinanderbrechender sozialer Strukturen. Während die größte Gruppe der Frauen ihren Wohnungsnotfall direkt auf Probleme in der Partner-schaft, vor allem bei Gewalterfahrungen und Alkoholproble-men (Eigene oder/und des Partners) in Kombination mit Miet-schulden oder dem Arbeitsplatzverlust zurück führten, schil-derten andere Frauen zwar gleiche Erfahrungen, sahen aber ihrer subjektiven Deutung nach hierin nicht die Hauptursache für den Wohnungsverlust; wichtiger erschien ihnen ihre eige-ne Rolle als Partnerin, Ehefrau oder allein erziehende Mut-ter. Sie empfanden sich in einer - nach eigenen Angaben durch Handlungsunfähigkeit oft selbstverschuldeten - „Opfer-rolle", wenn langfristig bestehende Mietverhältnisse bspw. wegen Scheidung, Pflegebetreuung, Tod durch den Vermieter aufgekündigt oder sie von ihren Partnern einfach „vor die Tür" gesetzt wurden *(vgl. ebd., S.36-38)*.

„Ich konnt für mich nicht kämpfen. (…) Wie eine billige Wa-re ist er mich losgeworden (…) Und der zahlte net e mal Un-terhalt (…) 17 Jahr lang (…) war Hausfrau und da war ei-gentlich für mich (…) die Familie der idealste Job und be-zieh nachher so Prügel."

(Int. 22: 64 Jahre; zitiert nach: ebd. S.37)
„Der (Ehemann) hat das alles organisiert, dass ich die Wohnung verlier. Der hat sie hinter meinem Rücken ver-kauft (…) und meine ganze Einrichtung, Schmuck und so (…)

Dann stand ich vor der Tür so wie ich war mit der Tasche."
(Int. 5: 60 Jahre; zitiert nach: ebd., S.37)

Thematisiert wurden auch Gewalterfahrungen durch Untermieter oder Willkür und Druck durch die Vermieter. Andere Frauen beschrieben sich als „aktiv Handelnde", weil sie sich gegen männliche Willkür und Drangsalierungen zur Wehr setzten und -insbesondere bei Vorliegen häuslicher Gewaltaktiv die Partnerschaft/ Ehe beendeten, indem sie abrupt die Wohnung verließen oder (in einer „Nacht und Nebel"-Aktion) zu Bekannten flüchteten. Dieser Aspekt wurde als sehr wesentlich beschrieben:

„Er hat eben durchgedreht (...) Da brach alles zusammen (...) ich bin dann (...) nach X (andere Stadt) Hals über Kopf durch Hilfe von andere Leut, weil's einfach zu riskant war damals mit zwei so kleine Kinder."
(Int. 15: 36 Jahre; zitiert nach: ebd., S.38)

Trotz über Jahre hinweg ertragenen, teilweise unzumutbaren Wohnsituationen, wirtschaftlicher Abhängigkeit vom Partner oder staatl. Transferleistungen bei unzureichender materieller Versorgung, ertragener Demütigungen, Grenzverletzungen, Gewalteinwirkung, sozialer Isolation oder sich extrem verschärfender Armut (bspw. durch Suchtabhängigkeit), fiel es allen Frauen schwer, sich aus bestehenden Strukturen zu lösen und wirtschaftlich realisierbare Alternativen für ihre Situation zu finden. In manchen Fällen hatten Frauen versucht, sich Unterstützung von außen zu holen (eigener Aktivitätsaspekt), kehrten aber aufgrund diverser Abhängigkeiten oder unter Druck/ aus Angst vor dem Partner in die häusliche Gemeinschaft immer wieder zurück (*vgl. ebd., S.36-38*).

b)   Erkrankung und Sucht:

Körperliche Beeinträchtigungen und Suchtmittelkonsum stehen in ihrer subjektiven Wahrnehmung für die gefragten Frauen an zweiter Stelle als Ursache für den Verlust der Wohnung. Während ein Teil der Frauen hierin die direkte Ursache für den eingetretenen Wohnungsnotfall nannten, empfand ein anderer Teil ihre Erkrankung/ Sucht zwar als Problem, nannten aber als Hauptursache für den Wohnungsverlust geringe Chancen auf dem Arbeitsmarkt durch schlechte Schul-/ Berufsausbildung, körperliche Behinderung oder psychischen Einschränkungen (vor allem Traumatisierungen und Depressionen) und Probleme in der Partnerschaft.
Viele der jüngeren Frauen hatten noch nie eine eigene Wohnung besessen, entweder weil sie aus der elterlichen Wohnung -aufgrund von Suchtabhängigkeiten oder Schwangerschaft- freiwillig auszogen bzw. hinaus geworfen wurden oder schon früh in Heimen unterkamen (z. B. durch eigene Behinderung, zerrüttete Familienverhältnisse, etc.) und nach ihrer Entlassung direkt in der Obdachlosigkeit landeten. Als Ursache für den Wohnungsverlust benannten die Frauen u. a. die Auflösung einer Wohnung vor einem Klinikaufenthalt, die Kündigung während des Klinikaufenthaltes, den Haftantritt aufgrund einer Drogenabhängigkeit oder sie ignorierten Aufgrund ihrer Alkoholabhängigkeit ihre Mietschulden, wie nachfolgende Aussagen beispielhaft belegen:

„Früher (...) da hat ich schon Probleme mit Alkohol und mit der Wohnung und kam ich mit dem Problem nicht fertig. (...) Ich habs bereut (...) Der Alkohol, der stand bei mir an erster Stelle."   *(Int. 25: 46 Jahre; zitiert nach: ebd., S. 43)*

„Ich bin (…) Alkoholiker. Und ich bin nach X in die Klinik gekommen, praktisch über (…) Suchtberatung (…) bin dann wohnungslos geworden. (…) Der Vermieter (…) hat dann gekündigt, aber während der Zeit, wo ich dann in der Klinik war. Dann bin ich von der Klinik nach XY gegangen, in ne Nachsorgeeinrichtung (…) und da bin ich fast ein Jahr gewesen." (Int. 26: 57 Jahre; zitiert nach: ebd., S.43). (vgl. ebd., S.41-43).

c) Wirtschaftliche Probleme:

Frauen, die für ihren Wohnungsnotfall vorrangig ihre wirtschaftliche Situation benannten, versuchten einen Kontext zwischen ihrer Armut, der Abhängigkeit von Transferleistungen und der Kontrollfunktion durch Banken, Ämter, Gerichte und vor allem den Partnern/ Ehemann herzustellen. Sie fühlten sich durch die Kontrollen in ihrer Autonomie und Würde verletzt und empfanden sie als zusätzliche Beschränkung ihrer wirtschaftlichen und sozialen Handlungsspielräume. Der Verlust des eigenen Kontos aufgrund von Schulden oder Pfändungen setzten die Frauen mit ihrem endgültigen Verlust der Selbständigkeit, dem selbständigen Wirtschaften und Planen und nicht mehr zu steuernde Abhängig gleich. Bezüglich angefallener Mietschulden oder einer Zwangsräumung verknüpften die Frauen dies immer vordergründig mit dem Verlust der Erwerbsarbeit, dem persönlichen Scheitern durch Alkohol- und Drogenabhängigkeit oder weil die Begleichung von Mietschulden vernachlässigt wurden, da andere Prioritäten bspw. Ratenzahlungen für Möbel, Fernseher, Suchtmitteleinkauf etc. gesetzt wurden. Hintergründig beschrieben sie hiermit jedoch ihre subjektiv wahrgenommene strukturelle, berufliche sowie wirtschaftliche Benachteiligung.

Andere Frauen schilderten ihren Wohnungsnotfall als Folge der Aufgabe ihrer beruflichen Selbständigkeit und damit verbundenen großen finanziellen Belastungen, ausgelöst oft durch gesundheitliche Probleme oder durch überzogene Zuschätzungen des Finanzamtes, Gläubigerforderungen und Einleitung einer Insolvenz - in der Wahrnehmung als „Fremdverschuldung" geschildert. Zudem beschrieben Frauen, dass sie nach Trennungen oder beim Versuch der Rückkehr in den Arbeitsmarkt in große finanzielle Notsituationen gerieten, weil keine zeitnahe Gewährung von Leistungsansprüchen durch das AA/Jobcenter bewilligt wurden und sie dadurch aus Mangel an Alternativen in die Obdachlosigkeit gerieten oder in ihre Partnerschaften/ Ehen - die sie eigentlich verlassen wollten - zwangsweise zurück kehren mussten.

Trotz verdeckter Armut, Marginalisierung und teilweise unzumutbaren Lebensverhältnissen entwickelten die Frauen aktiv innerhalb ihrer Handlungsspielräume eine Art individuelles Ressourcenmanagement zur Güterbeschaffung, indem sie Angebote wie Kleiderkammern, Essensküchen etc. für sich nutzten bzw. auf heruntergesetzte Warenangebote achteten oder bspw. den Energieverbrauch auf ein Minimum reduzierten, um „irgendwie über die Runden" zu kommen. Generell gaben die Frauen den „belastenden Lebensverhältnissen" subjektiv eine höhere Priorität als den formalen Gründen für einen Wohnungsverlust. Gerade bei der Beschreibung ihrer wirtschaftlichen Probleme fiel es den meisten Frauen schwer, den objektiven Kontext ihrer Lebensverhältnisse bzgl. ihrer subjektiven Entscheidungen und biografischen Erfahrungen einzuordnen und den Sinnzusammenhang für sich selbst zu erschließen *(vgl. ebd., S.44-46)*.

Die Ergebnisse der Forschungsarbeit von Enders-Dragässer und Sellach spiegeln sich u. a. in den Werten der Statistischen Erhebungen *(siehe vor unter 1.2.)* wieder.

2.2. Zwischenbilanz

Werden Menschen Wohnungs- oder Obdachlos, so sind dafür nicht per se ein umkämpfter Arbeitsmarkt mit eventueller Langzeitarbeitslosigkeit, die soziale Herkunft, das Milieu oder eine geringe, berufliche Qualifikation verantwortlich, die sie in die extreme Armut abrutschen lassen. Der gesetzliche Anspruch auf Hilfeleistungen ermöglicht entsprechend dem Ressourcenansatz[5] zumindest ein Leben mit Befriedigung eines Minimalstandards mit der Absicherung und Finanzierung des eigenen Wohnraumes. Dennoch existieren sie als sozialreale Wirklichkeiten mitten in unserer Gesellschaft.

Mangelnder Kontakt, das Fehlen einer konstruktiven Kooperation zwischen den betroffenen Personen und dem sozialen und/oder psychiatrischen Hilfesystem, die mangelnde Bereitschaft zur gesellschaftlichen Integration können hierfür als ursächlich bezeichnet werden. Erfahrene Stigmatisierung und Diskriminierung führen oft zu sozial auffälligem Verhalten.

Weitere Gründe liegen u. a. in den mangelnden Kompetenzen/ Ressourcen zur Überwindung individueller Problemla-

---

[5] Der Ressourcenansatz geht von ökonomischen Mitteln aus, die eine potenzielle Versorgungslage darstellen. Unter Ressourcen werden in diesem Zusammenhang monetäre Mittel wie Einkommen, Vermögen, private Übertragungen und Unterstützungen sowie staatliche Transferleistungen verstanden.

gen, mangelnder Krankheitseinsicht oder der zunehmenden Devianz einzelner Personen. Ein Leben in Obdachlosigkeit führt längerfristig zu Kontrollverlusten über die Interaktionen mit der sozialen Umwelt. Private Handlungen, wie Schlafen, Essen, Waschen etc. geschehen im öffentlichen Raum bzw. in „Fremdeinrichtungen" der Wohnungshilfe. Körperlich gezeichnet, leiden Obdachlose an Erkrankungen des Stütz- und Bewegungsapparates, der Atemwege, an Hautirritationen, und Traumatisierungen *(vgl. Caritasverband 2002, S. 15; Trabert 1997, S. 28 ff; Kiebel 1994, S.325 ff).*

Frauen in Wohnungsnot sind/waren in ihrem wirtschaftlichen, sozialen, gesundheitlichen und beruflichen Handlungsspielräumen besonderen Belastungen ausgesetzt. Sie bilden eine besondere Risikogruppe und benötigen -entsprechend ihrer Lebenslage- individuell ausgerichtete frauenrelevante Unterstützung. Da sie oftmals selbst (aufgrund multipler Belastungen) nicht mehr in der Lage sind oder aus Unwissenheit, Angst, Scham, wegen kultureller- oder sprachlicher Barrieren es ablehnen, sich fremden Personen und Institutionen oder Beratungseinrichtungen anzuvertrauen, sind sie als sozial gefährdete Person lange nicht wahrnehmbar.

Objektive Handlungsmöglichkeiten werden vor allem durch schwere persönliche Erfahrungen/ Belastungen im sozialen Nahraum erschwert und beeinträchtigen negativ die Bewältigungsstrategien vieler Frauen. Formale Gründe des Wohnungsnotfalls traten insbesondere in ihrer subjektiven Wahrnehmung hinter emotionalen und sozialen Gründen zurück, so dass bei der Konzeptionierung von Hilfen beides als gleichermaßen bedeutsam berücksichtigt werden muss. Frauen betrachten sich selbst bei der Entwicklung von Bewältigungsstrategien als „aktiv Handelnde" Personen, die ihre eigenen Fähigkeiten und Kompetenzen nutzbringend einsetzen können, andere sind in ihrer eigenen Wahrnehmung gescheitert, u. a. weil sie zu spät einen Zugang zum Hilfesystem fanden oder zu lange passiv in einer „Opferrolle" verweilten. Wohnungslosenhilfe bietet eine Menge sozialer Unterstützung und bietet Möglichkeiten, aus dem Teufelskreis von Ausgrenzung, Resignation und Sucht herauszukommen.

2.3. Sozialraumerfahrung - Aneignung, Bewegungsmuster, Handlungstaktiken

Ein Staatensystem wie Deutschland bildet mit seinen Ländern, Städten und Landschaften einen gesellschaftlichen Makroraum, der über Kommunikations-, Wirtschafts- und Wegesysteme, Internet etc. mit dem Mikroraum der Lebenswelt einzelner Gruppen und Individuen verbunden ist; interaktive Handlungen bedingen und verändern einander. Gleichzeitig produziert sich sozialer Raum ständig selbst neu.

Städte definieren sich soziologisch im Kern über ihre „Dichte, Größe und Heterogenität". Sie befinden sich in Konkurrenzsituationen und organisieren ihren inneren Zusammenhalt über soziale, politische und ökonomische Interaktionen und den Beziehungen zwischen Individuen und Gruppen im städtischen Raum *(vgl. Häußermann; Kemper 2005; S. 93)*.

Städtische Strukturen unterliegen einem permanenten Umgestaltungsprozess; parallel hierzu verändern sich entsprechend auch die Sozialstrukturen einer Stadt.

Unter dem Aspekt der (Sozial)Raumerfahrung stellt sich die Frage nach objektiven Handlungsoptionen und realistischen Gestaltungsmöglichkeiten innerhalb räumlicher Konfigurationen von „Urbanität", wenn sich -unter der Option permanenter Veränderung- zur Sicherung einer Existenz der „tägliche Daseinskampf" unter ständiger Beobachtung der Öffentlichkeit vollzieht. Um zu verstehen, wie sich obdachlose Frauen den städtischen „Sozialraum" auf Grundlage objektiver Gegebenheiten und ihrer subjektiven Deutungsmuster im Kontext des Lebenslagen-Ansatzes wahrnehmen, ist als erstes die sich aus urbanen Strukturen mit beschränkten Zugangs-

bereichen ergebene Segregation näher zu betrachten. Sozialraum, (leidvolle) Erfahrungen der Ausgrenzung und Bewe-
gungseinschränkungen produzieren die Rahmenbedingungen
der „Alltagsstrukturen" obdachloser Frauen. Aus den sich er-
gebenen wechselseitigen Beziehungen, individuellen Bewe-
gungsmustern und Handlungstaktiken resultieren die entsprechenden subjektiven und objektiven Handlungsspielräume bzgl. der „Alltagsbewältigung".

2.3.1. Die Stadt als „Sozialraum" im Kontext zum Sozialen (angeeigneten) Raum

Städte sind sowohl Plattform für-, als auch Ausdruck und
Folge von gesellschaftlichen Prozessen und kulturellen Konfigurationen. Soziale Fragmentierung und Konflikte, städti-
sches Handeln, sozialräumliche Aneignungen im Quartier
stehen dabei ebenso im Fokus wie Fragen und Prozesse der
Stadtplanung, Stadtentwicklung und Stadtpolitik.

Räume und soziale Ordnungen werden (re)produziert; als
materiell, symbolisch, politisch und diskursiv produzierter
Raum sind Städte eine Art Chiffre für die Gesellschaft geworden, mit sich stetig weiterentwickelnden neuen, nationale
„Grenzen und Kulturen" überschreitenden sozialen Netzwerken und Ökonomien, Bewusstseinsformen und Kulturproduk-
tionen in den urbanen Zentren. Wahrnehmungen, Handeln
und Interaktionen werden durch raumbezogene Angebote und
Unterscheidungen strukturiert, dienen als Orientierungsmus-
ter und Kommunikationsmittel (vgl. Löw, Steets, Stoetzer 2008;
S. 9)

Um die unterschiedlichen urbanen Realitäten und die damit
verbundenen räumlichen Vorstellungen darzustellen, wurden
in der Vergangenheit oft in stadtsoziologischen Diskursen der
„Sozialraum" als Kombination territorialer (vom Ort aus betrachtet) und struktureller (von der Organisationslogik aus
betrachtet) Argumentationen und deren Gestaltungsmöglichkeiten erforscht. Vernachlässigt bleibt dabei jedoch eine subjektive, soziale Perspektive, welche den „Sozialraum" aus der
Wahrnehmung der Bevölkerung als „Sozialen Raum" analysiert.

Diesem Thema widmet sich Reutlinger in seinen Forschungen
im Bereich der „Sozialgeografie" *(ausführliche Analyse der drei
Zugänge bei Reutlinger 2008; Reutlinger/Wigger 2005)*.
Sein Ziel ist es hierbei, über die Erschließung der Raumdeutungen die Lebensbedingungen bestimmter Gruppen zu verändern, indem er den „Sozialraum" von den Konstitutionsleis-
tungen bzw. Handlungen des dynamischen Subjektes her auf-
schließt. Lt. Reutlinger konstituiert das handelnde Subjekt
den „Sozialraum" vor dem Hintergrund seiner biografischen
Bewältigungsaufgaben und den Bedeutungen, welche es der
physisch-materiellen, subjektiven und sozialen Welt bei-
misst. Er knüpft damit an die Deutungen in heutigen Diskussionen der Sozialen Arbeit an, die als „Sozialen Raum", nicht
nur Territorien im physikalisch-geografischen Sinn bezeichnen, sondern auch die auf Sozialraumorientierung bezogenen
und erfahrenen Kontexte sozialen Handelns (Aneignungsper-
spektive und Bewältigungsperspektive) mit einbeziehen.
Unter dem Aspekt, dass räumliches Aneignungshandeln in
der Regel deutlich hinter das institutionalisierte Rollenhandeln zurücktritt, wird davon ausgegangen, dass sich Selbst-

wert, Anerkennung, Habitus und Selbstwirksamkeit als Komponenten von Handlungsfähigkeit in geschlechtshierarchischen, institutionalisierten und verregelten Kontexten wie Familie, Beruf, soziale Netzwerke und kommunaler Öffentlichkeit nur bedingt entfalten können und die sozialräumliche Perspektive in dem Maße an Bedeutung gewinnt, in dem sich Bewältigungshandeln im Gefolge sozialer Segmentierung, Privatisierung oder sozialer Isolation sozialräumlich abbildet *(vgl. Böhnisch, Schröer 2012, o.S.).*

Pierre Bourdieu (1991) und Henri Lefebvre (2005) argumentieren bzgl. der Komplexität des Raumbegriffs auf der analytischen Ebene mit der Trennung zwischen einem physischen, konkreten und einem sozialen, abstrakten Raum. Sie schlagen vor, einen Raum der materiellen Existenz von einem sozialen Raum der Gesellschaftsstrukturen und Subjektpositionen zu unterscheiden. Daraus resultierend - weil sich gegenseitig bedingend - entwickelt sich die Erkennbarkeit eines „Sozial angeeigneten Raumes". Über die alltägliche Praxis der Raumaneignung durch soziale Subjekte (Körperpräsenz) wird sowohl der physische Raum mit Bedeutung aufgeladen wie der soziale Raum materiell fixiert. Beide Räume sind durch eine konkrete Anordnung bzw. durch das Verhältnis der Positionierungen zueinander strukturiert. Maßgebliche Raumaneignungsformen durch beständige Übertragungsprozesses werden durch Besitz, Eigentumsverhältnisse, Vorrechte räumlicher Gestaltung, Durchsetzung von Nutzungsrechten (oder deren Abtretung an Dritte!), Rechten der Verweigerung von Zutritt und Aufenthalt etc. wirksam *(vgl. Bourdieu 1991, S.30).* Bourdieu erläutert diesen Prozess und seine daraus folgende empirische Prämisse später am Beispiel der

Begriffe „problematische Banlieues" und „Ghetto" und deren sozialräumlichen Effekten für die Entwicklung von Gewalt-strukturen in Pariser Vororten. Er leitet aus den Erkenntnis-sen seiner Arbeit den epistemologischen Hinweis ab, dass man *„mit den falschen Plausibilitäten und der substantialisti-schen Verkennung von Orten nur mittels einer stringenten Analyse der Wechselbeziehungen zwischen den Strukturen des Sozialraums und jenen des physischen Raums brechen"* kann *(zitiert nach: Bourdieu 1997, S.162).*

Entscheidend für ihn ist die Annahme, dass sich der soziale Raum und seine Positionierungen und Hierarchisierungen im physischen Raum objektivieren, indem Besitz-, Macht- und Konkurrenzverhältnisse -als soziale Strukturen in räumliche Strukturen eingeschrieben- im Alltag selten in ihrer gesell-schaftlichen „Gemachtheit" wahrgenommen werden. Bourdieu meint damit typische, den Lebensalltag prägende Bewe-gungsmuster von Individuen, die sich als Wiederholung über verschiedene Zeitdauern oder Raumdistanzen herausbilden. Als solche werden sie selten bedacht oder bewusst in Frage gestellt, vielmehr sind sie scheinbar harmlose Alltagshand-lungen und tägliche Wegstrecken, die in ihrer Gewöhnlichkeit vertraut und von allgemeinen Übereinkünften, Einverständ-nissen und Akzeptanz geprägt sind. Prägend für die Gestal-tung dieser Bewegungsmuster sind verschiedene Zwänge und Beschränkungen, denen die einzelnen Menschen grundsätz-lich unterworfen sind wie bspw. individuelle Eigenschaften, der (un)mögliche Zugang zu Ressourcen, Gütern und Dienst-leistungen sowie die durch die Örtlichkeit selbst beeinfluss-ten Lebensmöglichkeiten *(ebd., S.28).* Gleichzeitig schlägt sich eine Ungleichheit des sozialen Raumes durch begrenzte Zugangsmöglichkeiten und ungleiche Verfügungsmöglichkeiten über verschiedene Ressourcen im physischen Raum nieder. Diese ungleiche Anordnung nimmt der Mensch täglich wahr, erfährt sich darin und handelt entsprechend innerhalb der gestalteten Umwelt und der gesellschaftlichen Strukturen *(ebd., S.27)*.

Bourdieus und Reutlingers Ansätze/ Perspektiven über die (Re-) Produktion bestimmter sozialer Räume und Ordnungen, wirft die Frage auf, in wie weit (individuellen und kollektiven) Raumdeutungen als Prozess der Erschließung von (unterschiedlichen) Bedeutungen für wohnungslose Menschen von Wichtigkeit sein können, da deren sozialen Praktiken maßgeblich durch die Frage der Ausgrenzung aus privatem Wohnraum und durch das Angewiesen sein auf öffentlichen und halböffentlichen Raum bestimmt werden. *„Keine Wohnung zu haben, signalisiert eine besondere Form von Ort- und Heimatlosigkeit." (zitiert nach: Stoffels/ Kruse 1996, S.14)*.

Die eigene Wohnung -als angeeigneter, persönlicher Lebensraum und Rückzugsmöglichkeit- ist wesentlicher Bestandteil der menschlichen Verortung in einem sozialen, kulturellen und konkret physischen (Stadt)Raum mit einem beschützenden Zentrum und darum angeordneten öffentlichen Zugangsbereichen/ Außenwelt. Sie ermöglicht das Ausleben von (familiärer) Privatsphäre und befriedigt elementare Grundbedürfnisse. Was bedeutet es bei dieser Auffassung von Wohnen, wenn die alltäglichen Lebenswelten - wie bei Obdachlosen Menschen - gerade durch das Nicht-Vorhandensein eines geschützten, verlässlichen Wohnraumes, von dem aus ein Verhältnis zur Umwelt aufgebaut werden kann, geprägt ist? Welches Verhältnis kann zwischen Innen- und Außenraum, privat und öffentlich noch aufgebaut werden?

Obdachlose müssen alle Funktionen, die in einer Wohnung verortet sind, auf Plätze oder Straßen verlegen, also in die Öffentlichkeit tragen. Die Innenstädte bieten hierfür einen gewissen Schutzraum, da aufgrund der dort herrschenden Anonymität ein Teil ihres öffentlichen Lebens unauffälliger wird. Innerhalb diffuser Zonen bewegen sie sich zwischen Innenstadtbereichen, Parkanlagen, den Fußgängerzonen und Gebieten der konkret erfahrbaren, wiederkehrenden Ausgrenzung und Vertreibung (bspw. Bahnhofsareal, Einkaufspassagen) hin und her. Indem sie sich „vertreiben" lassen, ordnen sie sich hierarchischen Strukturen unter. Dabei bewegen sie sich ambivalent zwischen ihren sozialen Treffpunkten zur Aufrechterhaltung notwendiger Netzwerke und Orten des „gesellschaftlichen Gegenüber"; den täglich aufzusuchenden Orten der Versorgung und Existenzsicherung, wie einer Essensküche, Wochenmärkten, Behörden (Nutzungszwang), medizinischen und/oder sozialen Einrichtungen *(vgl. Helfferich at.al. 2000, S.159)* oder ihren Routen beim Einsammeln von Pfandflaschen und Wegen zu Müllcontainern in den Hinterhöfen der Lebensmittelfilialen.

Obdachlose stehen dabei unter einem permanenten Vertreibungsdruck, der für die Betroffenen Stresssituationen erzeugt. Die Verdrängung aus den Innenstädten ist mit einem Verlust an konkretem Lebensraum und dem Zwang zu dauerhaften Ortswechseln und ständiger Bewegung verbunden, was ihr Grundrecht auf Freizügigkeit (Art. 11 GG) außer Kraft setzt. Insofern kommt die Vertreibung aus den Innenstädten faktisch der Zwangsräumung einer Wohnung gleich.

2.3.2. (Re)Urbanisierung der Städte - Wechselwirkungen

Die kleinräumigen Verknüpfungen alltäglicher Daseinsfunkti-
onen und Angebote bilden eine wichtige Grundlage individueller Lebensqualität. Während die Trennung zwischen Ar-
beits- und Alltagswelt für viele Personen mit der Überwindung einer nicht unerheblichen Distanz verbunden ist, sind
Obdachlose darauf angewiesen, innerhalb kurzläufiger Fuß-
strecken (mit Nischen zum Verweilen) ihre „alltägliche" über-
lebensnotwendige Versorgung selbst zu organisieren. Stadtstrukturen mit kleinteiliger Nutzungsmischung und funktiona-
ler Vielfalt beeinflussen dabei ihr Handlungsrepertoire. Um
die Taktiken *(vgl. Kapitel 2.3.3.)* der Aneignung und des Zu-
rechtfindens Obdachloser in Allgemeinen und obdachloser
Frauen im Besonderen bzgl. ihrer Orientierung im öffentlichen Stadtraum näher zu verdeutlichen, ist es notwendig, sich
mit aktuellen städtebaulichen Strukturveränderungen und der
damit einher gehenden Problematik von Zugangsverweige-
rung und sozialer Segregation sowie den sich aus Prozessen
der Stadtplanung, Stadtentwicklung und Stadtpolitik ergebe-
nen Wechselwirkungen genauer zu befassen.

Exkurs: **Ausgrenzungen als Folge Kommunaler Politik**

Ab der 2. Hälfte des 20. Jahrhundert wuchsen die Städte in
Form homogener, räumlich voneinander abgerückter Stadt-
gebiete in die Landschaft -die kompakte und funktionsge-
mischte Kernstadt verwandelte sich zur ausufernden Regio-
nalstadt mit formlosen Gemengen von urbanen und land-
schaftlichen Elementen. Im Zuge dieser Entwicklung bildete

sich eine wirtschafts- und sozialräumliche Segregation aus, indem die Kernstadt kontinuierlich Einwohner, Arbeitsplätze und Versorgungseinrichtungen an die Peripherie abgab. Während in strukturschwachen Gebieten heute viele Städte über großem Gewerbeflächenleerstand klagen, fand im Zuge wirtschaftlichen Wettbewerbes um Vorrangstellung gegenüber anderen Kommunen und Regionen in anderen Städten ein Strukturwandel hin zur „unternehmerischen Stadt" statt *(vgl. Altrock et al.; 2012, S.40 f.)*.

Um möglichst erfolgreich und gewinnbringend ein wirtschaftsfreundliches Klima zu schaffen, werden landes- und kommunalpolitisch durch Deregulierungen, Flexibilisierungen, Städtebau- und Wirtschaftsförderungsprozesse sowie aufwendige Sanierungsprojekte kontinuierlich die Steigerung der Standortqualität verfolgt *(vgl. Dangschat 1999, S.29)*. Einige Großstadtregionen, aber auch eine Reihe von Mittelstädten haben so eine starke Magnetwirkung für eine selbstbewusste Creative Class, den „global player" oder „Lebensstiltypen", meist kinderlos mit respektablen finanziellen Möglichkeiten und zukunftssicheren Arbeitsplätzen erreicht. Wesentliche Indikatoren dieses Umgestaltungsprozesses sind die Neustrukturierung öffentlicher Kommunikationsräume zu hochwertigen Konsumlandschaften, durchgestylte Einkaufsmeilen mit Inseln der Freizeitindustrie sowie attraktive, innerstädtische Wohnangebote in aufpolierten Quartieren mit verkehrsberuhigten Zonen. Die Grenzen zwischen Freizeit, Einkauf und Arbeit verwischen, Innenstädte werden zu Orten der kontrollierten Zerstreuung, die hauptsächlich dem Konsum von Gütern und Dienstleistungen dienen. Der öffentliche Raum verliert seine Bedeutung als Sozial- und Begegnungsraum und ordnet seine Funktionen dem Konsum und Privatinteressen weniger unter *(vgl. Ronneberger 2000, S.18 f.)*. Die Zweckorientierung öffentlicher Räume zur Konsumunterstützung verpflichtet die Nutzer zu entsprechend angepassten Verhaltensweisen; ausgeschlossen werden diejenigen, denen die Möglichkeit zur Teilnahme fehlt. Die Ausgrenzung dieser "fehlerhaften Konsumenten" *(Begriff lt. Baumann1999, S.30)* erst schafft Ordnung und subjektiv empfundene Sicherheit. Dieses Urbanisierungsmodell zielt auf den Ausschluss sozial und ökonomisch nicht angepasster Gruppen, den „Unerwünschten" und „Ausgegrenzten", wie bspw. Migranten, Arbeitslose, Obdachlose, Alkohol- und Drogenabhängige und fungiert zunehmend als Vorbild für die gesamte Innenstadtentwicklung entsprechend dem suburbanen Mall-Modell, dessen Erfolg auf der Garantie des gesicherten, ungestörten Konsums basiert *(vgl. ebd., S.26)*.

Verliert der öffentliche Raum seine sozialen, wirtschaftlichen und politischen Funktionen, nimmt die Verhäuslichung des städtischen Raumes zu. Die Architektur neu entstehender Gebäude ist gekennzeichnet durch ihre Innenwendung mit Shopping- und Flanierbereichen in den unteren Etagen sowie Management- und Bürowelten in den oberen Bereichen. Indem die Prozesse wirtschaftlicher und politischer Entscheidungen durch weltweit vernetzte Massenkommunikation und einer fast vollständigen Loslösung vom öffentlichen Raum ablaufen, findet eine Verlagerung in abgegrenzte, durch Hausordnungen und Security-Dienste konsequent beschränkte und gesicherte Zonen statt, die für den Publikumsverkehr nur in kleinen Teilbereichen -zeitlich und räumlich begrenzt- zugänglich sind *(vgl. Häußermann 2009, S.43; Dangschat 1999, S.68-70)*.

Parallel verzeichnen in jüngerer Zeit „hochglanzpolierte" Werbekampagnen mit Slogans wie „Neues Wohnen in urbanen Stadtquartieren" oder „Altbau-Komfortwohnungen für mehr Lebensqualität" ein großes Interesse für neue innerstädtische Marktsegmente. Proklamieren sie doch den sparsamen Umgang mit wertvollem Grund und Boden und vermitteln damit einem eventuellen Immobilienkäufer das Gefühl, Ressourcenschonend sowie Natur- und Umweltverträglich zu handeln - auch wenn der Preis überhöht erscheint. Bei der Neuplanung/Sanierung dieser „bevorzugten Stadtadressen" wird planungstechnisch großer Wert auf die Kumulation hoher Wohnqualität mit leichter Erreichbarkeit von Freizeit-, kulturellen und ökonomischen Angeboten sowie „belebter" Vielfalt gelegt. Die Gefahr besteht indes in einer nicht umkehrbaren Gentrifizierung und sozialräumlichen Spaltung bisher noch intakter, durchmischter Stadtmilieus *(vgl. Feldkeller 2012, S.8-9).*

Für die Mehrheit der innerstädtischen „Alt"-Bewohner hat diese neue Urbanität mit ihrer zunehmenden sozialen Polarisierung und Segregation einen hohen Preis; überproportional steigende Lebenshaltungskosten und Wohnungsknappheit im preiswerten Sektor führen zur Verlagerung und sozialen Ausgrenzung ganzer Bevölkerungsschichten. Viele sind gezwungen, auf Quartiere in weniger bevorzugten Lagen auszuweichen. Zunehmend konzentrieren sich einkommensschwächere Bevölkerungsgruppen, Familien und Haushalte mit Kindern und/oder Migrationshintergrund und sonstige hilfebedürftige Personen, sowie eine stetig zunehmende Zahl der älteren Bevölkerung in Stadtrandquartieren oder in zentral gelegenen (noch!) unsanierten Altbauten.

Dicht nebeneinander befinden sich die repräsentativen Inseln neuer Urbanität und Bezirke mit brisanten Mischungen unterschiedlichster Bevölkerungsschichten, die zunehmend in ihren Möglichkeiten gesellschaftlicher Teilhabe beschnitten werden und keine freien Wahlmöglichkeiten an preiswerten Standorten auf dem Wohnungsmarkt mehr besitzen. In strukturschwachen Gebieten oder in den städtischen Randquartieren mit schlechter Infrastruktur verdichten sich branchenbedingte und strukturelle Probleme zu einem düsteren Szenario: Der Einzelhandel gibt auf, für Filialisten und Ladenlokale sind die Standorte zu unattraktiv, Geschäftsleerstände werden zur chronischen Erscheinung; viele Gebäude sind verwohnt, Außenräume vernachlässigt, Kinderspielbereiche verdreckt oder demoliert, überall Graffitis als Symbol der Verwahrlosung und sozialer Brennpunkte *(vgl. Häußermann 2009, S.44 f)*. Durch Architektur und Infrastruktur wird eine unsichtbare Mauer gebaut, die benachteiligte Menschen zunehmend aus den Innenstädten verdrängt - ästhetische Codes und dominante Verhaltensweisen symbolisieren in diesem Räumen, wer „dazu" und wer „nicht dazu" gehört *(Berger/Schmalfeld 1999, S. 326)*. Die Symptome von Armut und Unterversorgungen werden als Teil der Inneren Sicherheit verhandelt, statt sie unter den Gesichtspunkten sozialen Gerechtigkeit, Toleranz und Solidarität zu überwinden.

Die öffentlich-geförderten oder durch Diskriminierung und Marktmechanismen erzwungenen Puzzle segregierter Lebenswelten zwischen neuer-, sanierter und unsanierter Gebäudesubstanz, zwischen öffentlichen- und halböffentlichen Bereichen und eine wachsende Diversität erzeugen kritische Eigendynamiken. Unter Berücksichtigung des demographischen Wandels, steigender Energie- und Lebenshaltungskosten, sprechen vor allem raumwirtschaftliche und sozialökonomische Gründe für eine Fokussierung städtebaulicher Entwicklungen auf innerstädtische vorhandene Grundstücke und vorhandene Gebäudesubstanz. Politik und Städtebau dürfen nicht länger ohnmächtig mit ansehen, wie private Investoren/ Immobilienmarklern lediglich die Interessenlagen eines ausgesuchten, kleinen, solventen Personenkreises berücksichtigen und die strukturell über Jahrzehnte hinweg gewachsenen Alltagsbedürfnisse und Wünsche breiter Stadtbevölkerungsschichten -als elementare Teile ihrer Arbeits- und Lebenswelt- außer Acht lassen *(vgl. Feldkeller 2012, S.13)*. Die Kommunen werden zur Erhaltung ihrer gewachsenen Stadtstrukturen zukünftig wieder verstärkt gezwungen sein, konstruktive Alternativangebote unter Berücksichtigung bedarfsgerechter, individueller Handlungsspielräume für die Allgemeinheit bei planungsrelevanter Einbeziehung aller Bewohner außerhalb marktverzerrender und profitorientierter Stadtraumerhaltung zu entwickeln *(vgl. ebd., S.69)*. Nur durch die eigene Investition in die aufwendige und kostenintensive Grundstücksaufbereitung und Förderung von Bauprojektgemeinschaften aktiver Bürger ist eine weitere Gentrifizierungen von benachteiligten, aber in der Substanz attraktiven Quartieren innerhalb der Städte zu vermeiden. Negative-Images von heruntergewirtschafteten Quartieren verstärken soziale Ungleichheit, insbesondere wenn eine extrem räumliche Konzentration von Haushalten mit vielen sozialen Problemlagen vorliegt *(vgl. Häußermann 2009, S. 42)*.

Städteplanerisch bedeutsam sind zudem „relationale" Stadtsoziologische Forschungsergebnisse, wonach nicht mehr allein das Auftreten eines Phänomens bedeutsam ist, sondern die Frage, ob das gleiche Phänomen an unterschiedlichen Orten innerhalb einer Stadt bzw. in unterschiedlichen Städten verschiedene Praktiken hervorruft. So kann Öffentlichkeit -mit ihren laufend wechselnden sozial-ökonomischen Prozessen- nur dort entstehen, wo über soziale Interaktionen in Form von Stilisierung des Verhaltens, Repräsentation, Distanznormen als Kontrolle unerwünschter Interaktionen und zum Schutz der eigenen Privatheit Kommunikation und Arrangements zustande kommen. Sie sind als Merkmal sozialer Ordnungen typische Verhaltensweisen der Nutzer, charakteristisch für den öffentlichen Raum einer Stadt *(vgl. Bahrdt 1998/1961; S.93, 94).* und somit prägend für die jeweiligen stadtspezifischen Lebensweisen und individuellen Stadtkulturen *(vgl. Häußermann, Siebel; S.49 ff.)* im Sinne von der Bereitschaft zur Schaffung von „Möglichkeitsräumen" und Abwechslungsreichtum als Wahrnehmung von Entfaltungsmöglichkeiten durch das Stadtleben *(vgl. Lindner 2000; S.260).*

Der öffentlich geförderte Soziale Wohnungsbau besitzt seit je her den Auftrag, bei der Quartiersgestaltung Möglichkeiten für eine Durchmischung von Bevölkerungsgruppen unterschiedlicher Einkommensklassen, der Beseitigung von Obdachlosigkeit, dem Abbau sozialer Segregation und Raum für die Integration benachteiligter Bevölkerungsschichten zu erhalten bzw. neu zu schaffen. Sein Abbau im letzten Jahrzehnt führt zu starken Tendenzen innerstädtischer Unterversorgung im preisgebundenen Segment, was zur Marginalisierung eines erheblichen Teils der Stadtbevölkerung beiträgt *(vgl. ebd. S.43).*

2008 suchten allein in NRW 117.000 Haushalte bzw. 254.000 Personen eine Mietwohnung im preis- und belegungsgebundenen Segment. Nur gut der Hälfte (52%) der nachfragenden Haushalte konnte eine neue Wohnung zugewiesen werden. Rund ein Drittel der Wohnungssuchenden (34%) lebte 2008 notgedrungen in Bedarfsgemeinschaften nach dem SGB II, etwas über 5.000 Haushalte lebten während der Suche nach einer Wohnung in Obdachlosen/Notunterkünften *(vgl. IT.NRW, 2012).*

Armut und Obdachlosigkeit haben viele Gesichter - so können diese Phänomene auch durch den sozialen Raum geprägt sein, der sie umgreift. Unter sozialräumlichen Gesichtspunkten differenziert, werden schnell „soziale Brennpunkte" (Bahnhofsviertel, Quartiere mit Strukturproblemen) erkennbar. Daneben existieren weniger auffällige, aber trotzdem problembehaftete Bereiche wie (noch bewohnte) Abrisshäuser oder Drogenumschlagplätze im Innenstadtbereich.

Menschen, die unterversorgt sind und deren Armut offensichtlich ist, wird tendenziell das Recht abgesprochen, sich in den Innenstädten aufzuhalten. „Soziale" Politik wird durch das Ordnungs- und Strafrecht ersetzt, sozial Randständige werden gemäß dem „Null-Toleranz" Konzept[6] ausgeschlossen und kriminalisiert, statt durch Toleranz Integrationschancen

---

[6] „Zero tolerance" bezeichnet die „wissenschaftliche Grundlage"eines Kriminalitätsbekämpfungskonzeptes der New Yorker Polizeipolitik der 1990 Jahre unter dem damaligen Bürgermeister Guiliani. Ohne Grundlage einer tatsächlich vorliegenden Tat wurden alternative Lebensformen, abweichendes und sichtbares normwidriges Verhalten als ein Indiz für Gewaltbereitschaft und dem Willen zur Ausübung schwerer Straftaten kriminalisiert und polizeilich verfolgt *(vgl. Wagner, Daniel; in: SOZIOLOGIE Magazin Ausg. 1/2011, S.35).*

zu eröffnen und den Versorgungsbedarf von sozialen Randgruppen in den Innenstädten bedarfsorientiert zu decken, um
Wege aus der Armut, Unterversorgung und Obdachlosigkeit
zu ermöglichen.

Unter dem Aspekt „Stadt als Sozialraum" im Sinne von: Stadt
als menschlich gebaute, gestaltete Umwelt und -im Kontext
sozialer Praktiken- sich gesellschaftlich ständig (re)produ-
zierender und strukturell verändernder Raum werden über
räumliche Gegebenheiten Chancen gleichermaßen wie Einschränkungen eigener individueller sozialer Handlungsfähig-
keiten geschaffen. Gleichzeitig bilden sie strukturelle, stra-
tegische Knoten- und Kristallisationsorte der Arbeitsorgani-
sation und Konsumption einer Gesellschaft *(vgl. Löw, Steets,
Stoetzer 2008; S.13)*. Nach Friedrich *(vgl. Friedrich 1999,
S.272)* hat eine Stadt folgende Komponenten zu erfüllen:

● materiell-physisches Substrat gesellschaftlicher Verhältnisse in Form von „produziertem" Substrat einer umge-
   bauten „Oberfläche" der Stadt
● gesellschaftliche Interaktions- und Handlungsstruktur als
   gesellschaftliche Praxis der mit der Produktion, Nutzung
   und Aneignung des Raumsubstrats befassten Menschen
● institutionalisiertes und normatives Regulationssystem,
   das zwischen dem materiellen Substrat und der aneignen-
   den Praxis vermittelt
● ein mit dem materiellen Substrat verbundenes räumliches
   Zeichen-, Symbol-, und Repräsentationssystem

Raumausschnitte, die als öffentlich bezeichnet werden (Straßen, Plätze, Parkanlagen, etc.), gehören in Deutschland der
Allgemeinheit und sind dementsprechend für jeden frei zugänglich. Ausgrenzung beginnt bereits bei der Forderung

nach Eintrittsgeldern für eingezäunte Grünflächen, Durchgangs- oder Aufenthaltsverboten, spätestens aber, wenn öffentliche Bereiche an private Nutzer verpachtet werden. Für Kommunen ist der Verkauf/ die Verpachtung öffentlicher Flächen und Gebäude an Privatunternehmen gerade bei knappem Haushaltsbudget finanziell -wenn auch oft nur für kurzfristig- sehr lukrativ. Gleichermaßen lukrativ ist die konsequente soziale und räumliche Ausgrenzung sozialer Probleme bzw. der Menschen in sozialen Problemlagen, da dies gleichermaßen notwendig wie hilfreich für die Umsetzung einer am wirtschaftlichen Erfolg orientierten Standortpolitik ist *(vgl. Dangschat 1999, S. 14).*

Bisherige Vorstellungen von Stadt als soziale, politische und ökonomische Einheit schwinden: die Städte werden "funktioneller für die Funktionierenden" und lebensfeindlicher für die hinter der Entwicklung zurückbleibenden Menschen mit mangelnder Teilhabe, die städtische Underclass wie die Migranten, Arbeitslose, Obdachlose oder marginalisierte Bevölkerungsteile *(vgl. Häußermann 1997, S.17).* Der öffentliche Raum wird als „störungsfreier Erlebnisraum" sozial zweckentfremdet, die Innenstädte orientieren sich an den Anforderungen des störungsfreien Konsums.

Dabei wird oft vergessen, dass für Obdach- und Wohnungslose bestimmte Gebiete des öffentlichen und halböffentlichen Raumes oftmals die einzig möglichen Aufenthaltsorte sind. Dennoch werden sie in vielen Innenstädten konsequent verfolgt und systematisch vertrieben. Niemand soll beim „Shoppen" mit dem Anblick eines bettelnden Obdachlosen, der sich neben seinem Gepäck auf einem Karton in die Fußgängerzone gesetzt hat, konfrontiert oder gar „belästigt" werden - zumal wenn Alkohol- und Drogenprobleme bei diesen Personen hinzukommen. Obdachlose werden als Störfaktor betrachtet und aus dem Blickfeld verbannt. *(vgl. Malyssek, Störch 2009, S. 22).*

Positiv bleibt anzumerken, dass mit der Umstrukturierung vieler Kommunalverwaltungen hin zu bürgerschaftorientierten Strukturen, der Einrichtung von „Bürgerengagement-Büros" innerhalb der Verwaltung (bspw. div. Städte im Ruhrgebiet, Stadt Hamburg) seit einigen Jahren ein sozialpolitisches Umdenken hin zur Integration statt Segregation Obdachloser stattfindet: verstärkt engagieren sich ehrenamtlich Bürger und ehem. Obdachlose für ein toleranteres Miteinander im Sinne einer inklusiven Gesellschaft in Tagestreffs, mobilen Hilfen etc. oder bieten bspw. kostenlose Rechtsberatungen an. Gremien zur „Integrativen Armutsbekämpfung" aus kommunalen Bürgerinitiativen, Vertretern des Einzelhandels, der Verwaltung, Kranken- und Pflegediensten, der Polizei, Vertretern von Vereinen und Wohlfahrtsverbänden unter der Beteiligung Betroffener gründen Arbeitskreise.

2.4. Stadtraumorientierung und „Alltagsbewältigung" obdachloser Frauen

Selbstwert, Anerkennung und Selbstwirksamkeit zählen als Komponenten der Handlungsfähigkeit bei den Möglichkeiten zur Aneignung von Räumen, werden aber durch geschlechts-hierarchische, institutionalisierte und reglementierte Kontexte begrenzt. Hieraus entwickelt sich ein Gespür für soziale Konflikte und deren Meidung im lokalen Raum. Räumliches Aneignungshandeln tritt i. d. R. deutlich hinter institutionali-siertes Rollenhandeln zurück, gewinnt aber wieder in dem Maße an Bedeutung, wie biografische Handlungsfähigkeit so-zialisationswirksam als Gestaltungsprinzip und Bewälti-gungshandeln eingebracht wird; biografische Konstruktionen können als Ressourcen fungieren und entsprechend genutzt werden *(vgl. Lackner-Pilch/Pusterhofer 2005, S.282 f in: Kessl u. a. 2005).*

Soziale Praktiken Obdachloser werden maßgeblich durch das Angewiesen sein auf öffentlichen und halböffentlichen Raum bestimmt, was bedingt, alltägliche Organisationen in einem vorgegebenen räumlichen Arrangement im Bewusstsein eines dauerhaften Zwangs verrichten zu müssen. Hinzu kommt die Abhängigkeit von caritativen und öffentlichen Einrichtungen wie Behörden, öffentliche Toiletten, Bahnhofsschließfächer, Essensküchen, Tagestreffs etc.. Wollen obdachlose Frauen diese Angebote nutzen, sind sie an deren Öffnungszeiten und jeweiligen (frauenrelevanten) Strukturen gebunden. Ferner müssen sie sich nicht nur um ihre ökonomische Versorgung, sondern auch um den Aufbau paradoxer Orte der Ruhe, des

Schutzes und der Intimität kümmern *(vgl. Helfferich; Hägele; Hendel-Kramer; Heneka; 2000, S.153).* Um die Dinge des täglichen Bedarfs zu organisieren, ist eine entsprechende Mobilität erforderlich. Dieser Zwang zu aktivem Handeln bestimmt/ diktiert regelmäßige Wegstrecken innerhalb des Stadtraumes und strukturiert maßgeblich den Tagesverlauf. Der Aufenthalt in den Innenstädten wird so funktional genutzt und kompensiert partiell die fehlende Wohnung.

Bahnhofsbereiche, überdachten Passagen oder Abrisshäuser in den Innenstädten bieten ihnen Schutz vor Witterungseinflüssen, Bänke in den Einkaufsstraßen, U-Bahnhöfen und Parkanlagen werden als Aufenthalts-, Sitz- und Ruhezone genutzt. Treffpunkte ersetzen die Funktion des "Wohnzimmers": hier werden soziale Kontakte aufrechterhalten und neue geknüpft, innerhalb der Gruppe wichtige Informationen ausgetauscht.

Wechselwirkungen zwischen sozialer Ordnung, räumlicher Struktur, öffentlicher- und halböffentlicher Raumnutzung und der „Alltagswirklichkeit" obdachloser Frauen aus ihrer Geschlechtlichkeit und subjektiven Wahrnehmung bestimmen entscheidend ihre Bewegungsmuster im urbanen Raum, ihre Bewältigungsstrategien und Taktiken bei der Organisation des tägliches Handelns und „Wohnens". Durch ihr quantitatives und qualitatives Maß der Inanspruchnahme sozialer Hilfen sichern sie ihr tagtägliches Überleben.

2.4.1. Gender und Geschlecht: Bezüge zu sozialräumlichem Denken und Handeln

„Gender bezeichnet die Ausformung dessen, wie Ge-schlecht in einer bestimmten Kultur, in einer konkreten his-torischen Situation allgemein interpretiert und gelebt wird bzw. gelebt werden soll."

(Zitat in Nestmann et al.(Hg.); Tatschmurat 2007, S. 231).

(Hierarchisch strukturierte) Geschlechterverhältnisse entste-hen -wie alle Subjektivierungen- durch Überschneidung und den jeweiligen Wechselwirkung mit sozioökonomischen Fak-toren, ethnischen Konstruktionen, altersbezogenen Aspekten, Gruppenzugehörigkeiten, männlicher Dominanz, etc. in allen Lebensbereichen. Bereits Bourdieu *(vgl. vor; Kapitel 2.3.1.)* bezeichnete die soziale Aneignung des Raumes als Schnitt-stelle, an der sich die ungleichen gesellschaftlichen Struktu-ren in den physischen Raum einschreiben und weist damit - bezogen auf obdachlose Frauen- auf ihre doppelt ungleichen Positionen durch Geschlecht und Ressourcenzugang/ -losig-keit hin, die sich im individuellen Verhalten, Routinen und täglichen Gängen verfestigen. Das Geschlechterverhältnis ist damit - wie der physische Raum - für sie Rahmen ihrer An-eignungsstrategien bzgl. des Schutzes, der Gestaltung von Beziehungen und der Herstellung von Geschlecht bzw. der (Re)Produktion der Geschlechterordnung prägend. Es be-stimmt damit die multifunktionellen objektiven- und subjekti-ven Merkmale ihrer Lebenssituationen.

Unter dem Faktor „Biologisierung des Sozialen" werden Be-ziehungs-/ Rollenmodelle produziert, die das Geschlecht in Bezug normativer Projektionen auf Subjekte und deren Lebensverhältnisse betrachtet und sie gesellschaftlichen Normen/ Lebensverhältnisse der Binarität männlich/ weiblich unterwirft *(vgl. Scherr 2011, S.561/562)*. Gender wird dadurch zu einer Strukturkategorie, die die menschliche Wahrnehmung, deren kognitive Verarbeitung, die Identitätsbildung, die Entwicklung von Verhaltensrepertoires und -mustern sowie die Gestaltung alltäglicher Handlungsstrategien bestimmt *(vgl. Vogt 2007, S. 209)*.

Beim Prozess des „Doing Gender" werden -jenseits biologischer und körperlicher/sexueller Grundmerkmale- Geschlechtereigenschaften als soziales Geschlecht diskursiv konstruiert, wobei die diskursive und sozial geteilte Herstellung von Geschlechterrollen und deren Auswirkungen auf das soziale Zusammenleben beschrieben werden *(vgl. Roth 2003, S.88 ff.)*. Über das Doing Gender wird *„(...) permanente Interaktionen der Ein- und Anpassung von Menschen in zweigeschlechtliche, heteronormative, durch Auf- und Abwertung strukturierte, hierarchische Verhältnisse, an dem Arbeitsplatz, in der Familie, in dem politischen Raum ausgehandelt."* *(zitiert nach: Czollek/Perko/Weinbach 2009, S. 24)*. Betrachtet man Doing Gender unter dem Aspekt sozialer Gerechtigkeit, so werden damit Handlungsprozesse bezüglich der sozialen Platzierung von Menschengruppen im Raum, ihre Zugänge zu Ressourcen sowie ihre Rechte und Pflichten betrachtet. Geschlechts-spezifische Verteilungsregeln -ob gerecht oder ungerecht- sind dabei weiterhin fest im sozialen Raum etabliert *(ausführliche Beschreibungen siehe u. a. in Reutlinger 2008; Kessl/ Reutlinger 2007)*.
Diese Genderrollen-Zuweisungen als soziales Geschlecht strukturieren damit die Lebenschancen, -lagen und -welten

durch das Selbstverständnis von Mann/ Frau in einer Weise, die mit den Unterschieden zwischen den Altersgruppen, verschiedenen Bildungs- und sozialen Schichten sowie benachteiligten Menschen und Ethnien vergleichbar ist. Die Zuordnung zu einem sozialen Geschlecht etabliert damit nicht ignorierbare normative Vorgaben für das Selbstverständnis, die Lebensführung des Individuums und die eigene subjektive Wahrnehmungen *(vgl. Scherr 2011, S.562).*

Obdachlose Frauen haben vor allem Angst vor der Beschäftigung mit sich selbst: Sie bezeichnen sich als Einzelgänger, empfinden sich als überflüssig, wertlos, stigmatisiert, ausgegrenzt und als Opfer aus einer Kumulation ihrer eigenen Biografie, ihrer verpassten Chancen und äußerlich bedingter Umstände wie dem Zulassen von Unterdrückung und Gewalt oder dem Verlust eines Familienangehörigen. Ehemals bestehende Beziehungen oder gar intakte Familienstrukturen existieren nicht mehr, Kontakte mit anderen Betroffenen werden nur im Notfall geknüpft, sind oberflächlich und flüchtig. Dennoch bilden diese Kontakte ein soziales Netzwerk, wenn auch instabil und ungewollt. Um eine Veränderung ihrer Lebensumstände zu bewirken, wünschen sie sich vor allem eine Wohnung, Arbeit und Hilfen zur Gesundung, Zugehörigkeit, Zuwendung sowie eine funktionierende partnerschaftliche Bindung und finanzielle Unabhängigkeit: alles Bedingungen, an denen sie (oft mehrfach) gescheitert sind oder erst gar nicht besessen haben, die sie aus eigener Perspektive dennoch als für sich realisierbar beurteilen.

Aus der praktischen sozialen Arbeit mit Frauen in Wohnungsnot und der Analyse bestehender Statistiken ergibt sich - unter (relativ) objektiver Betrachtungsweise - eine andere

Perspektive: danach befinden sich obdachlose Frauen in einem besonderen Spannungsfeld zwischen ihren individuellen Verhaltensmustern, Einstellungen, Sehnsüchten und Überlebensstrategien. In ihren individuellen Lebenslagen bilden sie permanent Kontexte, zwischen dem, was sie sich wünschen und dem, was realistisch umsetzbar ist, ihnen sozialrechtlich zusteht oder welche Positionen sozialer Anerkennung im Rahmen gesellschaftlicher Strukturen für sie erreichbar sind. Sie leiden an den ihnen widerfahrenen Verlusten, an Heimatlosigkeit, eigener Unruhe, gesundheitlichen Beschwerden, Perspektivlosigkeit und ihrer täglichen Angst vor dem „Alltag".

2.4.2. Raumwahrnehmung, taktische Aneignung, Bewältigungsstrategien und Handlungsspielräume

Zur Frage der Raumwahrnehmung und seiner Nutzung entwickelte Cornelia Helfferich 2000 in einem Forschungsprojekt[7] zur Lage obdachloser Frauen als Genderfrage ein Konzept, das Raum als relational mit konkret physischen, sozialen Lokalisierungen und Positionierungen begreift. *„(...) Raum ist nicht auf Materialität reduziert, sondern vor allem als sozial bestimmter Handlungskontext gefasst"*

(zitiert nach: Helfferich; et. al.; S.9).

---

[7] Helfferich, Prof. Dr. Cornelia; Grundlage des Forschungsberichtes ist die Analyse von insgesamt 252 Kontaktaufnahmen in Form von Stadtdiskussionen, qualifizierten Interviews, Telefondokumentationen, etc. sowohl mit Mitarbeitern, wie auch mit den obdachlosen Frauen selbst.

Helfferich interessierte bei ihren Untersuchungen, wie öffentlicher und halböffentlicher Raum von den darin lebenden obdachlosen Frauen als sozialer „Alltag" wahrgenommen, geschlechtsspezifisch interpretiert und im Handeln der Betroffenen - analog zu vergangenen Organisationsstrukturen - als „sozial angeeigneten Raum" und damit als gelebten Raum verknüpft und rekonstruiert werden kann.

Sie überträgt in ihrer Forschungsarbeit Bourdieus Definitionen des sozial angeeigneten Raumes mit seinen Positionierungen, Ungleichheiten und den begrenzten Verfügungsmöglichkeiten über verschiedene Ressourcen auf die Situation obdachloser Frauen und analysiert, welche Handlungsmuster sich aus ihrer individuellen Interpretation unter Berücksichtigung ihrer eingeschränkten Möglichkeiten und bezogen auf Alltagsdeutungen und -bewältigungen ergeben *(vgl. ebd., S. 144)*.

Unter Berücksichtigung, dass obdachlose Frauen in ihrer subjektiven Wahrnehmung sich zum einen in einer „Opferrolle" bewerteten, weil sie sich teilweise über Jahre hinweg familiär unterordneten, ökonomische Kontrolle, Dominanzverhalten, physisch-psychische Aggressionen und Demütigungen, bis hin zu sexuellen Übergrifflichkeiten und sozialer Isolation ertrugen und ihr Recht auf Selbstbestimmtheit vernachlässigten, sie aber auf der anderen Seite sich als „aktiv Handelnde" Person beschreiben *(Kapitel 2.1.2 und 2.1.4)* ist davon auszugehen, dass obdachlose Frauen über ein hohes Potential individueller Fähigkeiten verfügen. Sie nutzen diese Fähigkeiten um eigene Strategien und Taktiken für verdeckte, flüchtige und situative Praktiken zu entwickeln, mit denen sie sich - auch ohne festen Wohnraum und materielle Ressourcen - zumindest vorübergehend Raum aneignen und sich darin einrichten. Dabei bewegen sie sich oft zerstreut, unsichtbar, lautlos und unbemerkt innerhalb vorgegebener Stadtstrukturen. Durch die ständige Wiederholung solcher flüchtigen, ortslosen Taktiken erreichen die Betroffenen eine relative Dauerhaftigkeit in den städtischen Nischen *(vgl. ebd. S. 149)*.

Bestimmte Orte und Bereiche werden von obdachlosen Frauen gemieden, andere als Treffpunkte bewusst aufgesucht. Die nachfolgenden exemplarischen Interview-Aussagen geben Auskunft über Raumaneignungen, erfahrene Ausgrenzung und Diskriminierung *(sämtliche Zitate in Helfferich at.al. 2000, S.156-158, 171)*.

1.) Ausgrenzung/Nutzungseinschränkung durch zu geringe finanzielle Mittel (konsumtiver Zugang)

"Ach, unheimlich viel, eigentlich gar nix, guck mal, z. B. Sportvereine, Veranstaltungen, Kino, Theater, Konzert, - ja, das ist alles immer mit Kosten verbunden. Und wenn du wenig Geld hast, dann - ja, dann musst du eigentlich auf fast alles verzichten. Und dann kommst du auch so in die Schiene: Kontakt zu anderen Leuten zu kriegen, wird auch immer schwieriger." (Person: G2-2; zitiert nach: ebd., S.156).

„und dann kann man fast nix anderes machen, als draußen zu sitzen oder tagsüber rumgelungert, mal da, mal da."

(Person: G7-2; zitiert nach: ebd., S.171).

"Oder Privatsheriffs oder öffentliche Sheriffs, egal, es haben ja mittlerweile die großen Geschäfte auch alle diese privaten Sheriffs rumlaufen. Da bleibt dir halt nur die Öffentlichkeit draußen."

(Person: zitiert nach: ebd., G3-1; S.157).

2.) Interessenkonflikte, Kriminalisierung und Vertreibung beim Versuch des Geldverdienens durch Betteln in der Innenstadt

"Ich habe auf der Straße geschnorrt, wenn die Polizei gekommen ist, hast du halt Bußgeld bekommen und gleichzeitig deine Schnorrkasse weg gehabt, weil das verboten war zu der Zeit, wo ich draußen war."

(Person: G5-2; zitiert nach: ebd., S.157).

"Manchmal lustig, manchmal habe ich auch keinen Bock gehabt, aber ich musste es ja machen. Und dann haben - dann kamen die Bullen und haben sie wieder weggeschickt, so, dann bist du schon wieder der Gearschte, dann kriegst du eine Geldstrafe, weil du geschnorrt hast."

(Person: G7-1; zitiert nach: ebd., S.157).

Diffuse Unsicherheitsgefühle, Segregation und zunehmende Existenzängste innerhalb der Bevölkerung finden ihren Ausdruck in einer subjektiv steigenden Angst vor Kriminalität. Statt sozialpolitisch die Ursachen der Zukunfts- und Lebensängste zu thematisieren, wird Armut zunehmend kriminalisiert. Vermeintliche Normlosigkeit, Unannehmlichkeiten und Störungen in der Öffentlichkeit werden als Vorboten der Kriminalität gedeutet: die „Säuberung" der Innenstädte von Randalierern, der Präsenz von Obdachlosen, öffentlicher Alkoholgenuss, aggressives Betteln und die Vertreibung von unliebsamen und „Angst auslösenden" Personen wird unter „präventiven Gesichtspunkten" aus diesem Grunde nicht erst bei vollzogener Straftat, sondern schon bei möglich erscheinender Kriminalität vollzogen. Dehnbare Begriffe wie Unordnung, Störung oder die "soziale Verwahrlosung" des öffentlichen Raumes werden vorsorglich mit einbezogen. Damit werden diese Handlungen „kriminalisiert" und es wird versucht, sie der Strafbarkeit zu unterwerfen *(vgl. Positionspapier Deutscher Caritasverband 2002, S.7, 8).*

3.) Aneignungsversuche und Vertreibung von (fragilen) Treffpunkten/Aufenthaltsorten im öffentlichen Raum

Parkbereiche:

"...und ansonsten waren wir eigentlich oft da, bist irgendwo rumgesessen dort oder beim Stadtgarten haben wir uns auch getroffen, aber da haben sie uns auch mehr oder weniger vertrieben wegen den Kinderspielplätze und so weiter und weil die Hunde halt frei rumgelaufen sind. Das wollten die halt nicht haben." (Person: G5-2; zitiert nach:ebd.,S.157).

Bahnhofsbereich:

"Oh, das war irgendwie der Treffpunkt für uns alle, da haben wir halt mehr rumgegammelt, getrunken, geschwätzt, ein bissle Stress gemacht, und manche haben den Stress halt nicht ertragen, dann haben sie es halt ein bissle übertrieben, dann kam gleich die Bahnhofspolizei, dann musste man die Hunde wieder an die Leine machen und dann haben sie halt gemeint, wir müssten eigentlich da weggehen, weil das für die Leute sind, wo tagtäglich mit dem Bus und Zug fahren müssen, nicht für uns quasi. Aber wo sollten wir denn hin, außer denn noch - den Colombipark sind wir dann auch hoch gegangen oder Stadtgarten, da haben sie uns auch verjagt." (Person: zitiert nach: ebd., G5-2; S.158).
"Beim Bahnhof hat man nicht so gekonnt, weil die Bahnpolizei ständig da war. Und wenn du dich nur aufwärmen wolltest, musstest du raus, - und wenn du ne dreckige Hose hattest oder weil du dein Gepäck dabei hattest, wussten

sie gleich, du bist obdachlos. Und dann hast du noch einen
Hund nebendran gehabt, dann hast du eh schon abstinken
dürfen. Die Hunde mussten dort immer an der Leine geführt
werden. Auch wenn sie neben dir hergelaufen sind."
(Person: G5-2; zitiert nach: ebd., S. 158).

Anm.: Mit der Umstrukturierung der Bundesbahn zur Deutschen
Bahn-AG wurden für den Verkehr genutzte öffentliche Flächen
privatisiert mit der Folge, dass die zugehörigen, bislang öffentlichen Bereiche der Bahnhöfe incl. der Bahnhofsvorplätze der
Kontrolle eines privaten Unternehmens unterstehen, welches
dort sein Hausrecht ausüben kann. Analoge Entwicklungen fanden bei den ehemals kommunalen Verkehrsbetrieben (Bus, S-
und Straßenbahn) durch Ausgliederung in private Unternehmen
statt. Dadurch wurden großflächig ehemals städtische Gebiete
privatem Recht unterstellt, was zu massiven Aufenthaltsein-
schränkungen und Zugangsverweigerungen nicht nur für Obdachlose führt.

4.) Erfahrungen kollektiver Ausgrenzung/Stigmatisierung durch Handel und Öffentlichkeit

„Also da kriegst du jetzt mittlerweile schon Hausverbot,
wenn du nur mit jemand zusammen stehst, der irgendwie
ein bisschen was mit der Szene zu tun hat, kriegt man mitt-
lerweile schon Hausverbot. Ich sag ja, einer hat Hausver-
bot gekriegt, weil er sich Trauben kaufen wollte und vorher
eine einzige probiert hat, der andere kriegt Hausverbot,
weil er den oder den kennt und der eben mit solchen oder
welchen Leuten was zu tun hat. Und es ist halt schon ziem-
lich heftig. Sobald du dich kurz auf die Treppe hockst oder
was, kriegst du gleich eine Anzeige rein gedrückt wegen

Hausfriedensbruch und ich habe mittlerweile auch schriftlich sogar Platzverweis gekriegt, ein Schreiben gekriegt, direkt vom Edeka, mit Platzverweis und Platzverbot. Also sobald ich die Stufen betrete, Bürgersteig ja, Stufen nein, ansonsten sofort Anzeige. Und also so gut wie jeder von uns, ich weiß ja nicht, bei der XY, weiß ich jetzt nicht, aber sagen wir mal zu 90 %, 90 % oder, sagen wir mal, 98 oder 95 %, egal, so was um die Ecke hat Hausverbot von den ganzen Leuten hier." *(Person: G1-2).*

"…was weiß ich, Obdachlose oder überhaupt Süchtige halt - überall wird man weggejagt. Vom Bahnhof, aus dem Colombipark, überall!" (Person: zitiert nach: ebd., G2-1; S.158).

Auch wenn diese Interview-Ausschnitte nur beispielhaft sind, so zeigen sie doch eindrucksvoll, wie bei den befragten Frauen gesellschaftliche Ausschließung und Stigmatisierung in ihrer Alltagswirklichkeit für sie täglich real existent und erfahrbar ist. Indem sie Satzelemente wie „kamen die Bullen"; „wussten sie gleich"; „von den ganzen Leuten hier"; verwenden, deuten sie gleichzeitig ihre eigene Distanziertheit zur übrigen (sprich: konformen) Gesellschaft und zu Obrigkeiten/Institutionen an. Gleichzeitig identifizieren sie sich selbst innerhalb ihrer Gruppe mit Aussagen wie „wo sollten wir hin"; „für uns alle"; „jeder von uns"; „überall wird man weggejagt". Interessant sind gleichfalls Aspekte der Aneignung bzw. konkreten Vertreibung von öffentlichen Orten, die als ihre Treffpunkte wahrgenommen werden wie „auf der Straße"; „Stadtgarten"; „Colombipark"; „Kinderspielplätze"; „Bahnhof"; „Edeka (…)Bürgersteig ja, Stufen nein". Hinzukommen Verbote von Nutzungsrechten, Zugänglichkeiten sowie die Vorenthaltung von Konsumgütern aufgrund ihrer ei-

genen Gruppen-Identifikation zu *„den Obdachlosen/ der Szene".* Deutlich formulieren sie ihr kollektives, passives Gruppenverhalten *„eigentlich gar nix"; „da haben wir halt getrunken, geschwätzt"; „mit jemand zusammen stehst"; „kurz auf
die Treppe hockst oder was"; „bist irgendwo rumgesessen";*
und ihre durch ständige Vertreibung erforderlichen permanenten Ortswechsel auf der Suche nach einem Platz zum
Verweilen sowie persönlich empfundene Abwertung/ Diskriminierung aufgrund der beschriebenen eigenen Äußerlichkei-
ten wie *„dreckige Hose"; „dein Gepäck"; „die Hunde"; „getrunken".*

Aus der Unsicherheit der einzelnen Aufenthaltsorte resultiert
eine Notwendigkeit der ständigen Bewegung. Dieses ständige
„herumwandern", „irgendwie rummarschieren" kennzeichnet
ihre alltäglichen Bemühungen, sich innerhalb vorgegebener
Stadtstrukturen einzurichten. Die Wahrnehmungskategorien,
in denen sie ihr Unterwegssein beschreiben, sind dabei häufig von Zwang und extremer Mobilität gekennzeichnet. Nut-
zungskonflikte, verweigerter Zutritt, unerträglicher oder er-
zwungener Aufenthalt (z. Bsp. bei Behörden), Kontrolle und
das Gefühl permanenter Beobachtung führen zu einer Dyna-
misierung ihrer Bewegung (permanente Bereitschaft zum
Weitergehen) und wiederholen sich an den jeweils unterschiedlich strukturierten Orten des Aufenthaltes. Als Ergän-
zung zum oft ziellosen Herumwandern assoziieren die Frauen
ihren jeweiligen Aufenthaltsort mit einer gewissen Richtungs-
losigkeit und einem besonderen Verhältnis zwischen „Drin-
nen und Draußen" bzw. „vertraut und fremd". Bei einigen
Frauen veranschaulichen ihre Beschreibungen eine spezifische Raumwahrnehmung, bei welcher tendenziell der gesamte Stadtraum, in dem sie sich bewegen, zu einer amorphen

Umwelt wird; damit fungiert er als Raum der eigenen flexib-
len, unsteten, paradoxen Verortung *(vgl. ebd., S.170/171)*.
Hinzu kommen oft als Zwang empfundene, notwendige
„Pflichtgänge" zu Ämtern, Arztpraxen oder festgesetzten
Terminvereinbarungen in Beratungseinrichtungen, wodurch
der Tagesablauf an ein regelmäßiges Erscheinen an bestimmten Orten innerhalb einer Stadtstruktur gekoppelt wird.
Unbestimmte und vorgegebene Routen/ Wegstrecken innerhalb vorgegebener Strukturen (Öffnungszeiten etc.) verfestigen sich somit zu routinierten Handlungsmustern, ohne jedoch als Integration/ gesellschaftliche Einbindung zu fungieren und ohne Existenz eines stabilen, persönlichen Aus-
gangspunktes. Je länger Frauen in der Obdachlosigkeit
verbleiben, desto größer wird durch diese Handlungsstruktu-
ren ihr individuelles Netz aus Versorgung, Unterstützung und
Ruhezonen, das sie selektiv als aktiv handelnde Personen in
Anspruch nehmen, wobei subjektiv negativ empfundene Ereignisse oder Orte der Unzuverlässlichkeit oder der Nichtzu-
gehörigkeit als wichtige Strategie der ausweichenden Flexibilität gemieden werden.

Auch wenn obdachlose Frauen über Nacht eine Schlafstätte
„gefunden" haben, bleibt die Frage, wie sie tagsüber im städtischen Raum zurechtkommen. Als „Konsumentinnen von
Raum" stehen ihnen eine Menge öffentlicher, halböffentlicher
und angeeigneter Bereiche, städtischer Nischen, verdeckter
Orte des Rückzuges, Orte der Versorgung etc. zur Verfügung. Sie sind aufgefordert, über eine Auswahl aus diesem
Angebot mithilfe persönlicher Bewertungen und Distinktions-
fähigkeiten für ihren individuellen Handlungsbereich entsprechend auszuwählen und ihren Tagesablauf entsprechend zu
gestalten.

Wie zuvor schon erläutert, leiden viele Frauen unter schweren Selbstvorwürfen, eigenen Schuldzuweisungen und subjektiv wahrgenommenen strukturellen, beruflichen sowie wirtschaftlichen Benachteiligungen und Ausgrenzung, weil sie *„aus ihrem Leben nicht's gemacht haben"* bzw. in ihrer subjektiven Wahrnehmung „keine Chance" hierzu bekamen. Indem sie als Gründe für ihre Notsituation oft ein Fremdverschulden benennen, verbergen sie ihre Unfähigkeit bzw. mangelnde Bereitschaft/ Einsicht, sich aus ihrer passiven Rolle heraus zu lösen, oder professionelle Hilfen zur Überwindung ihrer Problemlagen anzunehmen *(vgl. BAG W 2008, S. 15).*

Niedrigschwellige Einrichtungen, wo zu bestimmten Zeiten bestimmte Räume ausschließlich für Frauen zugänglich sind, werden topographisch in den räumlichen Kontext möglicher Aufenthaltsorte fest integriert. Ihre Besuche beruhen - im Gegensatz zu behördlichen Institutionen - auf terminal ungebundener, freiwilliger Basis, ohne unter dem Zwang zu stehen, angeordnete Gesprächs-/Beratungskontakte in Anspruch nehmen zu müssen oder erzwungenen Handlungen - wie bspw. der Beibringung von Dokumenten oder regelmäßige Meldepflicht - zu unterliegen. Zur Orientierung veröffentlichen und verteilen Kommunale Träger in Kooperation mit Einrichtungen der Wohnungslosen-Hilfeeinrichtungen, Bürgerengagement-Initiativen etc. seit längerem Broschüren, in denen wichtige Informationen über Art und Erreichbarkeit, Öffnungszeiten etc. von Hilfeangeboten enthalten sind *(bspw. Stadt Dortmund: das „DSCHUNGELBUCH II DORTMUND - Infos für obdachlose junge Menschen in Dortmund"; „Kompas-Orientierung für Wohnungslose in Dortmund").*

2.4.3. Inanspruchnahme Sozialer Hilfen

Obdachlose Frauen suchen aktiv handelnd Orte der Versorgung auf. Hier werden sie innerhalb dieser niederschwelligen Hilfeangebote nicht - wie in einer Beratungsstelle - von den Mitarbeitern bzgl. ihrer akuten Notsituation permanent bedrängt, was ihrem Bedürfnis „nach Ruhe" entspricht; sie können sich unbemerkt in der Menge der Besucher bewegen, zumal, wenn ihre äußere Erscheinungsform nicht den „klassischen" Vorstellungen eines Obdachlosen - sprich: alkoholabhängig mit Hund und Gepäck umherziehend - entspricht. Diese „Unsichtbarkeit" von obdach-/wohnungslosen Frauen führt auf der anderen Seite dazu, dass ihre akute Lebenssituation und ihr Bedarf kaum sichtbar werden; entsprechende Hilfeangebote erscheinen demzufolge als nicht notwendig und werden entsprechend auch zu wenig eingefordert *(vgl. Schaak 2009, S.22 u. 31; Helfferich at.al. 2000, S.19)*.

Hinzu kommt, dass in vielen Hilfeeinrichtungen ehrenamtlich engagierte Bürger „aus dem Bauchgefühl" heraus arbeiten, gleichzeitig aber - aus Unkenntnis oder mangelnder Sensibilisierung - nicht qualifiziert in der Lage sind, auffällige Verhaltensweisen von „verdeckt obdachlosen Frauen" wahrzunehmen, entsprechend zu interpretieren und notwendige Hilfen z. B. über professionelle Beratungsgespräche und Kontaktvermittlung anzubieten.

Frauen mit großer Distanz zum öffentlichen Hilfesystem werden durch herkömmliche Beratungsangebote nicht erreicht. Straßensozialarbeit und unmittelbare Hilfeleistungen, wie die mobile medizinische Notversorgung sind in diesen Fällen mögliche und notwendige Anknüpfungspunkte für einen eventuellen Ausstieg aus der prekären Lebenssituation. Wichtig

sind geschlechtsdifferenziert gestaltete Angebote ohne Zugangsbeschränkungen, die bei Bedarf Schutz gewähren und
es ihnen ermöglichen, Vertrauen in Hilfsangebote aufzubau-
en, um so ihren Ausstieg aus ihrer Wohnungsnotfallproblematik vorzubereiten. Für auf der Straße oder in verdeckter/
latenter Obdachlosigkeit lebende Frauen kann eine Unterstützung und Verbesserung ihrer Lebenssituation - auch im
Sinne einer Gewaltprävention - durch das Hilfesystem erst
ansetzen, wenn es für sie erreichbar und zugänglich wird.
Anschlusshilfen, sei es mit dem Ziel einer Reintegration,
oder - im Fall verfestigter Problemlagen - einer Erstellung
eines individuellen, auf langfristige Unterstützung angelegten Hilfeplanes, sind hierbei von besonderer Wichtigkeit, da
ein Umzug/ Einweisung in eine eigene Wohnung aus einer
länger andauernden Obdachlosigkeit die Gefahr der Isolation
und der Überforderung mit sich bringen kann.

Frauenspezifische betreute Wohnformen, die ggf. einen sozialtherapeutischen Ansatz verfolgen, sind alternative und
sinnvolle Formen solcher Anschlusshilfen. Im Falle der Übernahme einer eigenen Wohnung, wie bspw. lt. dem Landes-
konzept in NRW *(siehe unter 2.5.)*, ist eine Nachbetreuung
unverzichtbar, um Rückfälle und damit ein endgültiges Scheitern zu verhindern *(vgl. Aktionsplan Berlin 2006, o. S.)*.

Darauf aufbauend sollten langfristigere Bildungs-, Qualifika-
tions- und Beschäftigungsmaßnahmen den weiteren Stabili-
sierungs- und Reintegrationsprozess unterstützen, da hierüber eine - gerade für Frauen aus einer Wohnungsnotfallproblematik - wichtige ökonomische Unabhängigkeit erreicht
werden kann, ihr Selbstwertgefühl und eigene Akzeptanz gesteigert, soziale Netzwerke geknüpft und der endgültige Ausstieg aus „der Szene" ermöglicht werden.

2.5. Normalität schaffen für alle

Beispiel Finnland: „Housing First"-Politik

Finnland zählt heute zu den führenden Staaten, was die Versorgung Wohnungsloser mit zielgerichteten Wohnungsprogrammen anbelangt. In Finnland entwickelte sich seit Ende der 90'er Jahre eine besondere Wohnungslosenproblematik durch eine steigende Anzahl allein stehender Männer in überfüllten Notunterkünften bei einem überproportionalen Anteil an jungen, auf der Straße lebender Frauen. Indem der Staat erkannte, dass für die Verminderung von Langzeitwohnungslosigkeit der Zielgruppe ein vorrangiger Zugang zu geeignetem Wohnraum unabdingbar ist, förderten sie besonders das Angebot adäquater persönlicher Hilfen, um den Bedürfnissen der Zielgruppe gerecht zu werden; gleichzeitig wurden Präventivmaßnahmen verstärkt und optimiert. Während Deutschland in seiner Wohnungslosenpolitik auf die stufenweise Integration in Unterkünften aufsteigender Qualität aufbaut, entwickelte Finnland alternativ ein ehrgeiziges Programm der „Housing First"-Politik, welche auf drei maßgebliche Elemente basiert:

* Zugang zu Wohnraum
* soziale Unterstützung
* ausreichende Finanzressourcen (entweder aus einer Beschäftigung oder dem Wohlfahrtssystem, um für die Wohn- und Lebenshaltungskosten aufkommen zu können)

Im Februar 2008 verabschiedete die finnische Regierung ein Programm, mit dem Ziel der Halbierung der Wohnungslosenzahlen bis 2011 und der vollständigen Beseitigung von Langzeitwohnungslosigkeit bis 2015. Unter der Prämisse, dass die Wohnungsversorgung - als Voraussetzung für die Lösung anderer sozialer und gesundheitlicher Probleme - oberste Priorität besitzt, werden seitdem herkömmlichen Notschlafstellen ausnahmslos in Einrichtungen für betreutes Wohnen umgewandelt, in denen mit Hilfe einer Sozialbetreuung eine unabhängige Lebensgestaltung ermöglicht und gefördert wird. Hilfen der Sozialen Arbeit fokussieren sich hierbei auf ein Angebot angemessener Unterstützung mit dem Ziel der Verminderung, Beendigung und Vorbeugung von Wohnungs- und Obdachlosigkeit und nicht deren Verwaltung.

Durch die „Housing First"-Politik entstanden unmittelbar 1.250 zusätzliche Unterkünfte, betreute Wohneinheiten und sonstige begleitete Wohnplätze. Darüber hinaus werden Projekte erarbeitet, um Haftentlassenen übergangsweise betreute Wohnmöglichkeiten anzubieten, die Wohnungslosigkeit unter Jugendlichen zu verringern und Zwangsräumungen abzuwenden, u. a. durch Bereitstellung bzw. Ausdehnung von Wohnrechtsberatungen. Die finnische Regierung trägt 50% der Finanzierungskosten, der Rest wird von den zehn größten von Wohnungslosigkeit betroffenen Städten bereitgestellt. Finanzielle Unterstützung für die grundlegende Instandsetzung von Schlafstellen und ihre Umwandlung in betreute Wohneinheiten leistet im Übrigen der finnische Spielautomatenverband *(vgl. Busch-Geertsema 2010, S.14 ff.).*

Beispiel NRW: Unterstützung durchs Land

Eine bislang einmalige Erfolgsgeschichte schreibt das Land NRW: Während bundesweit die Obdachlosenzahlen in den vergangenen Jahren stetig steigen, sinken sie in Nordrhein-Westfalen seit Jahren kontinuierlich: 1975 waren in NRW 86.144 allein lebende Menschen obdachlos. Hinzu kamen noch einmal 6561 Personen, die bei Bekannten vorübergehend untergekommen waren und eine unbekannte Anzahl verdeckt bzw. latent obdachlos lebender Frauen, die aufgrund der damals geltenden Gesetzgebung nicht statistisch erfasst wurden, weil sie bspw. in Frauenhäusern, Pensionen oder Heimen vorübergehend untergekommen waren. Heute, in 2012, sind in NRW (nur!) 16.000 Menschen ohne Wohnung, was gegenüber 1975 einem Rückgang von über 80% entspricht.

Bundesweit einzigartig wurde die Bekämpfung von Obdachlosigkeit zur Ländersache erklärt: die Kommunen, zahlreiche Initiativen, freie Träger, etc. in NRW erhalten somit finanzielle Unterstützung vom Land. NRW investierte immer -im Gegensatz zu den meisten anderen Bundesländern- in den sozialen Wohnungsbau und in eine erfolgreiche Präventionsarbeit. Zum anderen werden -statt weiter Gelder in den Ausbau von Notunterkünften zu investieren- seit mehreren Jahren auf dem freien Markt Wohnungen von den Kommunen angemietet und an obdachlose Menschen untervermietet. Nach Ablauf einer „Probezeit" wird das Mietverhältnis entsprechend umgewandelt *(vgl. Laurin, Stefan: „Wie NRW die Obdachlosigkeit bekämpft"; Artikel vom 22. 04.2012; DPA, Axel Springer AG 2012).* Ein Beispiel, das bundesweit Schule machen sollte, zeigt es doch, dass auch in Zeiten des Sparzwangs eine „Politik zur Armutsbekämpfung" durch den sinnvollen Einsatz sozialer Haushaltsmittel erfolgreich betrieben werden kann.

2.6. Fazit: „Fördern und Fordern" - Erkenntnisse

Ausmaß, Form und Umgang mit Obdachlosigkeit sind stets auch ein Spiegelbild vorliegender, gesellschaftlicher Strukturen und Situationen innerhalb eines Landes. Um wirksam und dauerhaft Obdachlosigkeit im Sinne der Armutsbekämpfung zu beseitigen, müssen Wohnungslosenstrategien evidenzbasiert, ganzheitlich, mehrdimensional, partizipatorisch, nachhaltig, bedarfsgemäß und pragmatisch angelegt sein und die Interessen sämtlicher beteiligter Gruppen mit berücksichtigt werden. Dies setzt politischen Willen und einen zwischen Bundes- und Landesregierungen wirksamen Mechanismus unter Einbindung anderer Interessengruppen, wie den Wohlfahrtsverbänden, freien Trägern, Stiftungen, Bürgerinitiativen incl. der Selbsthilfegruppen/-Vereine voraus.

Hierbei dürfen Kommunen und Soziale Arbeit sich nicht weiter nur in der „Dienstleistungsversorgung" Obdach- und Wohnungsloser verdingen, sondern sind aufgefordert, den betroffenen Menschen Hilfestellungen zu geben, um ihnen nachhaltig wieder ein individuell gestaltbares und selbstverantwortliches Leben in „Respekt und Würde" zu ermöglichen.

––––––––––––––––––––

1.) Sozial-politische Forderungen zur Bekämpfung genereller Obdachlosigkeit

Gemäß dem Motto „Toleranz statt Ausgrenzung" sind sozialpolitisch urbane Segregationsmechanismen aufzuhalten bzw. abzuschaffen. Primär sind dies u. a.:

- Die Aufhebung von (privaten) Zugangs- und Nutzungsbeschränkungen im öffentlichen und halböffentlichen Raum
- Die Rückführung öffentlicher „Konsum"-Plätze zu ihrer ursprünglichen sozialen, wirtschaftlichen und politischen Funktion durch Umgestaltung (u. a. durch Aufstellung ausreichender Sitzmöglichkeiten, Müllbehälter und öffentlicher, kostenfreier Toiletten, Förderung der „Straßenkultur" durch unbürokratische Genehmigung/ Toleranz von Straßenmusikern, Künstlern etc.)
- Einführung einer „Housing First"-Politik
- Förderung bedarfsgerechter und geschlechtsspezifischer Angebote zur Unterbringung Obdachloser im „Betreuten Wohnen" ohne zeitliche Nutzungseinschränkungen
- Schaffung bzw. Erhaltung finanzierbaren Wohnraumes für marginalisierte Personen in den Innenstadtbereichen
- Förderung bürgernaher Kultur- und Quartiersprojekte mit Integration aller! Bevölkerungsgruppen

Ferner sind zur Eindämmung von Langzeitwohnungslosigkeit klare quantitative Zielgrößen für die Wiedereinführung von qualifizierten Arbeitsmaßnahmen und zur Förderung vor allem älterer Personen und Frauen auf dem Arbeitsmarktsektor auf lokaler Wirtschaftsebene einzurichten und bspw. über die zur Verfügungstellung finanzieller Anreize seitens des Staates/ des Landes zu stärken, um konkrete Grundsatzvereinbarungen entsprechend den Aufgaben und Verpflichtungen durchzusetzen.

Die Verfügung über eigenen Wohnraum bildet eine wichtige, elementare Grundlage zur Möglichkeit der sozialen Teilhabe. Nicht die Ausgrenzung aus dem öffentlichen Raum, sondern die Sicherstellung von Wohnraum und Wohnversorgung als

Präventionsmaßnahme bietet Chancen zur (Re)Integration obdachloser Menschen. Gleichzeitig wirkt dies der gesellschaftlichen Tendenz entgegen, öffentlich sichtbare Verelendungsformen zu kriminalisieren. Diese Vorgehensweise schafft Perspektiven für die Betroffenen und bewirkt langfristig die Reduzierung einer Verelendung im öffentlichen Raum.

2.) Sozial-gesellschaftliche Forderungen

Deutschland ist weltweit eines der finanziell und wirtschaftlich stärksten Länder. Gleichzeitig klafft innergesellschaftlich die Schere zwischen Wohlstand und Armut immer weiter auseinander. In immer kürzeren Abständen „verarmen" durch eine auf Konsum und wirtschaftlichen Ausbau setzende Politik ganze Bevölkerungsschichten. Von Armut bedroht sind schon lange nicht mehr nur die „Randgruppen" der Gesellschaft, minder-qualifizierte Personen, Alleinerziehende oder ältere Bevölkerungsschichten. Durch Aufweichung der Sozialstaatlichkeit, die erzwungene Annahme von unsicheren „Zeitverträgen" oder „Billiglohnjobs" zur Existenzsicherung, familiäre, partnerschaftliche oder finanzielle Probleme wird das Risiko, innerhalb kürzester Zeit aus einer gesicherten Existenz in Armut und Ressourcenlosigkeit abzurutschen, für weite Bevölkerungsschichten immer realer. Kommen unvorhersehbare oder einschneidende Ereignisse wie eine schwere Krankheit, Beeinträchtigungen nach einem Unfall, der Arbeitsplatzverlust durch Fremdverschulden (bspw.: Schlecker-Konzern, OPEL-Werk) bei zunehmender Ressourcenlosigkeit hinzu, ist der „freie Fall" in (absolute) Armut vorprogrammiert. Der Weg in die Obdachlosigkeit bzw. sich als Woh-

nungsloser ohne jegliche Versorgung auf der Straße wieder-
zufinden, geht schnell und kann jeden betreffen.
Gerade vor diesem Hintergrund erscheint es bedenkenswert,
dass noch immer große Interessenlosigkeit gegenüber den
Problematiken der von Wohnungslosigkeit betroffenen Menschen besteht; immer noch die Meinung vorherrscht, diese
Menschen seien an „ihrem Elend selbst schuld" und „schnorr-
ten" sich durch das Sozialhilfesystem hindurch. Unverständlich sind gleichfalls die weitverbreitete Taktik des „Weg-
schauens" und die Befürwortung der Ausgrenzung Obdachloser aus dem öffentlichen Raum.

Soziale Arbeit muss deshalb für mehr Aufklärungsarbeit und
Akzeptanz innerhalb der Bevölkerung Sorge tragen, zum
Schutz benachteiligter und/oder obdachloser Personen(gruppen) dem Ausgrenzungsdruck und Diskriminierungsmecha-
nismen unmissverständlich politisch entgegentreten und soziale Schieflagen anprangern. Gleichzeitig darf sie selbst
nicht in Schieflage geraten, weil sie sich instrumentalisieren
lässt, kritiklos politischen Zwangs- und Verpflichtungsvorga-
ben des „aktivierenden Sozialstaates", der „Agenda 2010"
und den sich immer mehr verschärfenden Vorschriften bei
der Inanspruchnahme von Hilfeleistungen entsprechend dem
Ressourcenansatz beugt, sich hinter Sachzwang-Argumenten
versteckt, Menschen in Not lediglich bürokratisch verwaltet
und für die Versorgung entsprechend eines politisch zu gering festgesetzten Mindeststandards sorgt (oder auch nicht!).
Folgt man dem Anspruch Sozialer Arbeit, eine Profession zu
erfüllen, so sind Hilfen für in Not geratene Menschen als
(zeitweilige) Unterstützung in allen! Lebensbereichen zu leisten. Dies schließt vor allem die Konzentration auf gesell-

schaftliche, kulturelle und wirtschaftliche Integration/ Teilhabe, die Wahrnehmung als „Interessenvertretung" der sozial benachteiligten und stigmatisierten Menschen sowie einen achtenden und respektvollen Umgang auf „Augenhöhe" mit hilfesuchenden Personen ein.

Obdachlose, die aus dem sozialstaatlichen Sicherungsnetz (ob durch Fremd- oder Eigenverschuldung) herausfallen, benötigen primär besondere unbürokratische qualifizierte Soforthilfe und eine Vermittlung in Wohnraum. Dieses kann jedoch nur gewährleistet werden, wenn die einzelnen, am Wohnungslosen-Hilfesystem beteiligten Einrichtungen/ Institutionen und deren Mitarbeiter wesentlich enger zusammenarbeiten, transparent miteinander kommunizieren, ihre Eindeutigkeit von Rollen und Aufgaben klarer definieren und verantwortungsvoll innovative Ideen ausgestalten, statt sich noch immer auf eigene wirtschaftliche Vorteile und Interessen zu beschränken.

Vor dem Hintergrund eines von gegenseitiger Toleranz geprägten Verständnisses heißt Soziale Arbeit für Wohnungs- und Obdachlose Menschen „Hinschauen" und beginnt an der Basis. Dies verlangt die Bereitschaft, auch gegen den politischen Willen für soziale Gerechtigkeit einzustehen und entsprechend zu agieren. Um ein gesellschaftliches Umdenken zu bewirken reicht es leider nicht aus, dass sich Bürger ehrenamtlich in Hilfeeinrichtungen, Suppenküchen oder bei „Der Tafel" engagieren: dies mildert zwar soziale Not, beseitigt sie aber nicht!

3.) Geschlechtsspezifische frauenrelevante Forderungen

Viele obdachlose Frauen haben ein tiefes inneres Bedürfnis nach Ruhe, Schutz und Geborgenheit; sie haben nicht mehr die Kraft, selbsthandelnd sich aus ihrer Situation zu lösen, verweigern teilweise die Annahme von Hilfen, teils, weil die Hürden der Bürokratie für sie nicht überwindbar erscheinen, sie mit gesundheitlichen, psychischen oder Suchtproblematiken zu kämpfen haben, teils aus ihrer emotionalen Haltung heraus wie Furcht, Scham oder erneute Versagens- oder Überforderungsängste.

Unter Berücksichtigung ihrer Geschlechtlichkeit und der daraus resultierenden besonderen Form offener bzw. subtiler Ungleichheit ergeben sich hieraus spezifische Forderungen an das bestehende Hilfesystem. So ist bei der Vermittlung in Wohnraum vor allem ihrem Bedürfnis nach Schutz und Sicherheit zu entsprechen. Viele Frauen fühlen sich mit dem Bezug einer Wohnung als Einzelperson überfordert, haben Angst vor Isolation oder ihren Alltag „nicht in den Griff" zu bekommen und wünschen sich als Übergangslösung (ohne zeitliche Begrenzung!) die Unterbringung in betreuten Wohngruppen, um hier Gemeinschaft, soziale Bindung und therapeutische Hilfe zur Stabilisierung ihrer Persönlichkeit zu erfahren. Desweiteren finden sich gerade unter den obdachlosen Frauen viele, die arbeitsmarktrelevant unterqualifiziert sind oder durch familiäre Strukturen und Erziehungszeiten über Jahre hinweg keiner beruflichen Tätigkeit nachgegangen sind. Hier sind unbürokratisch ausreichende Finanzmittel/ Förderfonds für eine erwerbsmäßige Eingliederung bspw. soziokulturelle Programme in Kombination mit bedarfsbezogenen, alters- und geschlechtsspezifischen Projekten der

Sozialen Arbeit - gerade für die (Re)Integration Langzeitob-
dachloser - bereitzustellen, um ihrem Wunsch nach finanzieller Selbständigkeit nachzukommen.

Bei Frauen mit Kindern liegt eine besondere Problematik vor:
sie sehen sich nicht nur als Frau, sondern auch als Mutter in
einer doppelten „Versagerrolle". Allein unter der reinen Kos-
tenbetrachtung ist es unverständlich, dass bei häuslichen
Erziehungsproblematiken oder Vorliegen häuslicher Gewalt
für die Unterbringung von Kindern in Heimen oder Pflegefa-
milien ein enormer Aufwand betrieben wird (wenn er dann zur
Anzeige kommt!), statt die Gelder in ein „Frühwarnsystem"
mit präventiver Hilfe und Unterstützung und in die Förderung
von Familien/ Alleinerziehenden investiert werden. Sind Müt-
ter erst einmal von ihren Kindern getrennt, haben sie jegliche
Perspektive und sozialen Halt verloren. Gerade dieser Bereich verlangt nach einer familienpolitischen Neuorientierung
- auch zum Schutz und Wohlwollen der Kinder.

Viele Einrichtungen und Behörden berücksichtigen inzwischen die Geschlechtlichkeit, indem zunehmend obdachlose
Frauen von weiblichen Mitarbeitern betreut werden. Doch
gibt es hier Mängel: zum einen besitzen sie kein freies Wahl-
recht bzgl. ihrer Ansprechpersonen oder behandelnder Ärzte/
Pflegepersonal, was den Aufbau einer Vertrauensbasis - und
damit die generelle Bereitschaft für Hilfeannahmen - erheb-
lich erschwert. Zum anderen beklagen sich Frauen mit Krank-
heits- oder Suchtproblematiken darüber, dass in ihrer auf ihre spezifischen Belange und Lebenssituationen zu wenig individuell eingegangen wird. Eine 20-jährige alleinerziehende
Mutter mit Gewalterfahrung hat einen anderen Bedarf als eine 50-Jährige nach 10 Jahren Wohnungslosigkeit mit Suchtproblematik; ihre akute Krankheit wird zwar behandelt, Spät-

folgen früherer Erkrankungen und ihre biografischen (oft negativ belasteten) Erfahrungen und Erinnerungen werden aber außer Acht gelassen oder erfahren keine Würdigung. So findet eine ganzheitliche Gesundung oder eine Vergangenheitsbewältigung nicht statt. Viele Frauen verschließen sich dadurch komplett und brechen eine Therapiemaßnahme vorzeitig ab.

Zusammenfassend lässt sich festhalten, dass zwar rechtlich eine Gleichberechtigung der Geschlechter in Deutschland besteht. Im Sinne des Doing-Gender aber noch eine Menge Aufholarbeit zu leisten ist. Je größer die Ressourcenlosigkeit, Stigmatisierung und Ausgrenzung (obdachloser) Frauen, desto mehr wird die tägliche Realität von sozialer Ungleichheit bestimmt. Gender findet im Kopf und in Handlungsweisen und nicht auf dem Papier statt! Soziale Arbeit mit/für obdachlosen Frauen hat sich vor allem auf die Enttabuisierung tradierter männerdominanter gesellschaftlicher Strukturen sowie eine Stärkung der rechtlichen Durchsetzung bei frauenrelevanten Themen zu konzentrieren und Frauen bei der Durchsetzung ihrer Rechte in jeglicher Form zu unterstützen. Diese sind aufgrund ihrer Lebenslage und ihrer Resignation durch erfahrene Ungleichheit und Unterdrückung oft hierzu nicht mehr selbst in der Lage. Dies erfordert eine besonders sensible Vorgehensweise, den Aufbau einer stabilen Vertrauensbasis und entsprechende aufklärerische Lobbyarbeit.

3. Theaterpädagogik für und mit Frauen in Wohnungsnot als ein methodischer Zugang der (Re)Integration

„Ich habe Geduld gelernt und Ruhe und weiß, wofür das gut ist... Diese Veränderungen wären vielleicht auch ohne Theater gekommen, vielleicht etwas später, aber ich bin froh, dass sie durch's Theater gekommen sind.“

(*Regine, 46 Jahre;* Ratten-07, Berlin, o. S.)

3.1. Theater, Theaterpädagogik und das (Theater)Spielen

3.1.1. Interaktionsräume im zeitgenössischen Theater

Analysiert man eine Theaterinszenierung unter dem Aspekt seiner imaginativen Qualitäten, sind die körperliche Präsenz und Co-Präsenz von Spielern/ Darstellern und Zuschauern im physikalischen Raum zu berücksichtigen *(vgl. Hentschel, I., 2008, S. 7)*. Zeit und Raum mit seinen optischen und akustischen Zeichnungen bilden die elementaren Grundbedingungen für das Theater(spielen). Ohne ein -für einen gewissen Zeitraum- zeitgleiches Zusammentreffen von Akteuren und Zuschauern kann sich Theater nicht ereignen, ein Kontakt/ Austausch zwischen Publikum und Handelnden nicht stattfinden. Für eine mögliche Begegnung benötigen Theateraufführungen als konstitutive Voraussetzung einen (geschlossenen) beschreib- und wahrnehmbaren Produktionsraum, worin sich Menschen mit jeweils unterschiedlichen Erwartungshaltungen und unter bestimmten Voraussetzungen (örtlich und szenisch) begegnen *(vgl. Fischer-Lichte 2005, S.16)*. Die hierin stattfindenden einzelnen Prozesse der Aufführung, ihre materiellen und symbolischen Bezüge und Beziehungen zueinander ermöglichen gleichzeitig Produktion und Reproduktion, lassen ein interaktives Wechselspiel zwischen Darsteller und Zuschauer zu und werden so in Form einer Feedback-Schleife[8] als relationaler Ort und Ordnung beobachtbar und analysierbar *(vgl. Löw 2001, S. 131 ff.)*.

„Theater kann ein Feldstecher sein, ein Mikroskop, mehr als ein Spiegel, ein Guckkasten nach draußen. Und Theater kann ein Sockel sein für Menschen, denen wir sonst selten so sprachlich genau, so ästhetisch geschult, so zeichentheoretisch aufmerksam zuhören, wie wir das im Theater gewöhnt sind. Daraus kann eine Freiheit oder ein Prozess der Selbstreflexion in den porträtierten Figuren selbst entstehen, der oft genauso viel über sie selbst verrät, wie über die Institution Theater, die auf sie schaut."

(Zitat: Stefan Kaegi, 2010)

Im traditionellen Theater galt der primäre Blick der Bedeutung eines Stückes, welche durch den Text vorgegeben wurde. Die Aufgabe der Aufführung war es lediglich, die entnommene Bedeutung mit theatralen Mitteln auszudrücken und ent-

---

[8] Begriff aus Fischer-Lichte, (S. 59): Als Feedback-Schleife wird ein selbstbezügliches autopointesches System mit prinzipiell offenem Ausgang bezeichnet, welches sich durch Inszenierungsstrategien weder unterbrechen noch gezielt steuern lässt.

sprechend einem Publikum zu vermitteln. Die Aufgabe der Akteure bestand darin, die Bedeutungen angemessen auszudrücken.

Bei heutigen szenischen Herangehensweisen des zeitgenössischen Theaters verschmelzen zuvor differenziert gegliederte Raumsegmente (bspw. Bühnen-, Orchester-, Zuschauerraum) zu einem theatralen Bühnenraum mit einem ganzheitlichen Bild-, Text- und Zeitkontext, wodurch der Zuschauer in eine andere Rolle versetzt wird und eine neue Wahrnehmungsebene erfährt. Statt traditionell eingehaltener Bühnendistance wird das Publikum Teil der Inszenierung, wobei der Begriff der Inszenierung eine neue Sinnhaftigkeit erfährt *„als Verfahren, die einen Raum organisieren, in dem die unterschiedlichen Zeiten - die Zeit des Textes, der Darsteller, der Darstellung, des Publikums - in der Gegenwart der Aufführung aufeinander treffen, in der Schwebe gehalten werden, sich brechen." (zitiert nach: Birkenhauer, Theresia in: Tigges, Pewny 2010, S.14).* Dieser theatrale Doppelcharakter wird als Exzentrizität der menschlichen Position beschrieben. Anders formuliert: Der Mensch/ Zuschauer kann sich selbst (verkörpert durch den Schauspieler/in) in einer Position zwischen Sein und Schein, Rollendarstellung, Realität und Spiel wiederfinden. Über diese Schwellenerfahrungen wird es den Darstellern gleichermaßen wie dem Zuschauer ermöglicht, Ambiguitätserfahrungen über die Körperhaftigkeit der schauspielerischen Aktion und der Präsenz von Spielern und Zuschauern in einem gemeinsamen Raum zu erleben *(vgl. Hentschel 2008, S. 7).*

Zeitgenössische Inszenierungen vermengen sich zunehmend mit anderen Bereichen der Bildenden Kunst und medialen

Welten und wollen die Öffentlichkeit mit sozial-politisch oder kulturell-ethisch geprägten Inhalten/ Botschaften als „Realitäten" konfrontieren und gleichzeitig als handelnde Akteure interagieren. Hierfür beanspruchen sie als *„Produktionsraum"* zunehmend nach ihren Besonderheiten ausgewählte öffentliche Räume wie Straßen, Plätze oder institutionalisierte Einrichtungen. Diese bestimmen und formen den Charakter der Aufführung durch das daraus resultierende besondere Wechselspiel zwischen Schauspielern/ Darstellern, Zuschauern, dem Ort der Aufführung, szenischen Vorgängen -incl. der Konsequenzen- und Raumanordnungen bzw. durch Objektanordnungen im Raum.

Unsere Gesellschaft besteht aus einem System sozialer Beziehungen, wirtschaftlicher Produktion mit hochgradiger Arbeitsteilung, ökonomischen Verhältnissen und einem Dienstleistungsbereich als 3. Sektor. Jedoch werden Arbeitsplätze zunehmend unsicherer, ökonomische Fehlverteilungen spürbarer, die Sozialstaatlichkeit immer mehr auf einen Minimalanspruch zusammengestrichen. Gesellschaft zersplittert in Differenzbereiche und Disparatheit, im Kunst/ Bildungsbereich können nicht mehr länger „Heile-Welt-Bilder" der Harmonie und Glückseligkeit produziert werden, es entwickelt sich ein transitiver Bildungsbegriff, als „interdisziplinäre Ästhetik" aus biografischen Lebenslagen und gesellschaftlichem Habitus - öffentlich projiziert und kommuniziert.

Elemente der Musik, des Tanzes, der Bildenden Kunst, Architektur, Film, virtueller Räume[9] etc. werden mit Ausschnitten

---

[9] Soziologisch werden virtuelle Räume (cyberspace) als Substitution realweltlicher Handlungsfelder mit der Prämisse des zeitweiligen oder völligen Ersetzens realweltlicher Arrangements analysiert (bspw. durch Computernetzwerke und der damit verbundenen virtu-

des realen Alltages zu einem intermedialen Handlungszu-
sammenhang verbunden, verlangen von Akteuren gleichermaßen wie von den Betrachtern neue Konvergenzen und
Handlungsstrategien. Als zeitgenössische **Performance** bewegen sie sich zwischen Aufführungskunst und kommunikativer Praxis *(mehr siehe unter: 3.2.1., 2.)) (vgl. Fischer-Lichte
2004, S.11-12)*.

Parallel zur Entwicklung des Performativen Theaters entwickelte sich im Theaterbereich eine neue wichtige Dimension
von Raum mit einem -aus der Soziologie entnommenem- ab-
straktem, relationalem Raumverständnis. Raum wird hierbei
nicht als gegebene Größe vorausgesetzt, sondern als Resul-
tat menschlichen, interaktivem Handeln verstanden *(vgl. Löw
2001, S.18)*. Über offene Handlungsfelder, theatrale und
künstlerische Strategien werden gesellschaftliche Problem-
felder sichtbar gemacht und (mit Betroffenen als Akteure) -
über eine spielerische Handlungsebene- deren konkreten Lebensumstände dem Zuschauer präsentiert. Ziel ist hierbei,
über Interaktion und Konfrontation zum Nachdenken und öf-
fentlichem Handeln anzuregen, um hierüber die Lebenslagen
der Betroffenen zu verbessern *(Bsp. Hamburger Projekt „Park
Fiktion"; Timo Sehgal: „Die Beschäftigung"; Inszenierung in der
Hamburger Kunsthalle; s.u.)*

Theater(spielen) unterliegt einem gemeinsamen, sich gegenseitig achtenden und anerkennenden Schaffensprozess, der
auch Momente des Scheiterns, also auch die Akzeptanz für
Umwege und Lernschleifen beinhaltet *(vgl. Reuter 2007, o. S.)*.

---

ellen und kommunikativen räumlichen Mobilität) *(vgl. Löw, Steets,
Stoetzer 2008; S.81 ff.)*.

Durch ein intensives Verhältnis von Spielern, Raum und Objekt entsteht ein Gestaltungsprozess, in dem der Spieler idealerweise auch der Konstrukteur, der Erfinder und Entdecker der Raum- und Bühnenorte ist. Um Inszenierungen dem Zuschauer zugänglich zu machen, ist im Vorfeld zu überlegen, in welchem Verhältnis Zuschauer und Akteure zueinander positioniert werden, welche Darstellungs-, Bewegungs- und Wahrnehmungsmöglichkeiten hergestellt werden, welche Handlungsroutinen vorliegen und welche Ablaufvereinbarungen getroffen und vermittelt werden sollen, damit sich theatrales Spiel entfalten kann. Theater arbeitet mit professionell ausgebildeten Schauspielern und semiprofessionellen Laiendarstellern, die sich vorgegebenen Handlungen, dem Ort, Raum, dem Text und der Regie unterordnen.

3.1.2. Theaterpädagogik: im Zentrum steht der Mensch

Bereits im 16. Jh. versuchten Humanisten wie Amos Comenius das Theater(spiel) für pädagogische und politische Zwecke nutzbar zu machen. Jean Jacques Rousseau betrachtete in seinem „Emile" das Spiel als Quelle aller ursprünglichen Erfahrungen. In Johann Gottlieb Fröbels Pädagogiktheorien zur Erziehung im Kindergarten -ebenso wie bei den Reformpädagogen des 20. Jh.- soll der Mensch durch das Spielen ganzheitlich angesprochen und individuell in seiner Entwicklung gefördert werden.

Spätestens mit dem „Grips-Theater" in den siebziger Jahren des 20. Jh., das sich speziell an Kinder als ein neues Publikum wandte und didaktisch in Vor- und Nachbereitungen den eigentlichen Theaterbesuch aufarbeitete (Nachhaltigkeit des

Theatererlebnisses), entwickelte sich die Theaterpädagogik mit gesellschaftskritischen Impulsen im Spannungsfeld zwischen Kunst/ Kultur, Pädagogik, und politischer Aufklärung als eigenständiger Teil kultureller Bildung.

Als Gegensatz zum kunstdidaktischen Verständnis des (traditionellen) Theaters und in klarer Abgrenzung zur Reformpädagogik und Kunsterziehung standen -anknüpfend an Brechts sozialkritische Theaterinszenierungen und im Kontext neuer sozial-emanzipatorischer Bewegungen- im Mittelpunkt theaterpädagogischer Projekte die Erziehung zur Mündigkeit und zur politischen Teilhabe.

Gruppendynamische- und Interaktionsprozesse dienten als Instrumentarium der sozialen Kompetenzförderung - oft mit der Reduzierung zum Rollenspiel als *„quasi-therapeutische, subjektive Auseinandersetzung mit der eigenen Biografie und dem näheren Umfeld" (Zitat: Weintz, 1999, S. 282 in: Köhler 2009, S. 12)*. Parallele Strömungen fokussierten in ihrer Arbeit -in Anlehnung an klassische Theateraufführungen- lediglich die künstlerische Umsetzung einer literarischen Vorgabe zu einem Theaterstück: Produktionen orientierten sich nicht am Individuum mit seinen spezifischen Lern- und Gestaltungsmöglichkeiten, sondern vermittelten über rein sozial definierte Lernziele eine kritische Auseinandersetzung mit sozialgesellschaftlichen Themen. Methodisch setzte man auf gruppendynamische Prozesse in Form einer systematischen Erarbeitung div. Problemlösungsstrategien und spielerisch inszenierten Selbsterfahrungen.[10]

---

[10] Einer der bekanntesten Vertreter hierfür ist bis heute Augusto Boal mit seinen verschiedenen Theaterformen unter dem Titel „Theater der Unterdrückten".

Ab Mitte der 80er Jahre integrierten Theaterpädagogen/ in-
nen verstärkt Elemente traditioneller Schauspielkunst als
Element zur „Persönlichkeitsbildung" sowie das Theater als
Erfahrungs- und Produktionsraum in ihre Arbeitsprozesse.
Es fand eine Neuorientierung hin zu ästhetischen Erfahrungswerten und der Vermittlung ästhetisch-künstlerischer
Kompetenzen als eigenständige Dimension statt, wobei die
künstlerische Gestaltungsarbeit durch die Akteure selbst
noch eine untergeordnete Rolle spielte.
Aus dem Unbehagen einer zunehmend feststellbaren theaterpädagogischen Zweckorientierung des Mediums Theater für
soziale, pädagogische und fachdidaktische Zwecke und der
Frage nach dem generellen Nutzen des Theaterspielens für
unterschiedliche Bildungsziele etablierte sich Ende der 90'er
Jahre in der Theaterpädagogik der für die heutige kulturelle
Bildung wichtige Begriff der „ästhetischen Bildung".[11] „Theaterpädagogik wird dann im engeren Sinne verstanden als eine Disziplin der ästhetischen Bildung, die sich mit der Vermittlung von wahrnehmenden und gestaltenden Prozessen im
künstlerischen Medium Theater auseinandersetzt." (Hentschel, U. 2007, S. 92).
Die sich hieraus entwickelnde „produktionsorientierte Theaterpädagogik" begreift sich als „Vermittler" zwischen Kunst-
und Lebensweltorientierung, indem neben der Ästhetisierung
verstärkt wieder das Ziel der Theaterkunstproduktion als In-

---

[11] In ihrer Dissertation „Theaterspielen als ästhetische Bildung"
(1996) deklariert Ulrike Hentschel erstmals Theaterspielen als „ästhetische Bildung". Ihre Analysen basieren dabei auf einer Erkennt-
nisorientierung zwischen der vormals abgelehnten Kunst- und Reformpädagogik als Erbe der emanzipatorischen Theaterpädagogik
und den Theorien div. Künstler/innen aus dem Bereich Theater und
Schauspiel.

szenierungsverfahren mit öffentlicher Darbietung fokussiert wurde, wobei es gilt, die Differenz zwischen Lebenswelt und künstlerischer Aufgabenstellung nicht zu groß werden zu lassen. Über die verstärkt künstlerische Ausrichtung theaterpädagogischer Konzeptionen werden eigene subjektive Erfahrungswerte in das Spiel transformiert und reflektiert, den Akteuren soziales Lernen mit ästhetischer Dimensionierung (als Synthese) über das Spiel, die gemeinsame Gestaltungsarbeit, der Aufführung und einen konfrontativen Dialog mit dem Publikum vermittelt *(vgl. Köhler, S.13)*.

Theaterpädagogik besitzt damit die Möglichkeit, über künstlerisch-ästhetische Erfahrungen, Interaktion, Performance, spielerische Konfrontationen mit subjektiv wahrgenommenen „Wirklichkeiten" etc. Schlüsselqualifikationen für die in der Lebenswelt geforderten Kompetenzen zu vermitteln und das Interesse am eigenkünstlerischen Handeln zu wecken. Über die aktive Auseinandersetzung mit der eigenen Persönlichkeit im Kontext zu den Mitspielern und der Umwelt wird ein genereller Zugang zu sozialpolitischen (Bildungs)Fragen geschaffen *(vgl. Hentschel 2008, S.10-11)*.

Theaterpädagogik - mit Kontextbezogenheit zum Theater (Korrespondenzen) - bildet ein Bindeglied zwischen Theater, Bildender Kunst und sozialer Praxis in Form von ästhetischen, soziokulturellen und pädagogischen Elementen mit dem Verständnis von Kunst und Pädagogik als ästhetisches Handeln und Reflektieren *(vgl. Vaßen 2010, S.7, 8)*. Über die Kontextbezogenheit des eigenen Körpers zu künstlerisch-ästhetischen Interaktionen, Performance, spielerischen Konfrontationen mit subjektiv wahrgenommenen „Wirklichkeiten" etc. sollen Schlüsselqualifikationen für die im Alltag geforderten Kompetenzen vermittelt und ein Bezug zu Raum, Umwelt und Gesellschaft geschaffen werden (Förderung der Interaktionsfähigkeit). Theaterpädagogik besitzt großes Integrationspotential und öffnet Ressourcen sozialer Kreativität; ihr mobilisierender Charakter schafft Experimentierräume. Zudem weckt sie das Interesse am künstlerischen Handeln und vermittelt Möglichkeiten, der eigenen Kreativität Ausdruck zu verleihen. Sie fördert Empathie- und Kommunikationsfähigkeit sowie individuelle Kompetenzen, stärkt das Selbstbewusstsein/ Vertrauen in die eigene Person, vermittelt Spielfreude und eine positivere Lebenseinstellung *(vgl. Hoffmann 2008, S.81)*.

Ziele der Theaterpädagogischen Arbeit sind, das Theater und seine ihm zur Verfügung stehenden Produktionsräume als *„realen Erfahrungsraum"* erlebbar zu machen. Indem im Szenischen Spiel eigene biografische Erlebnisse und fremde Situationen über das Agieren und sich Ausprobieren in verschiedenen Rollen, bewusst gemacht, verändert und reflektiert werden, wird langfristig eine stabile Ich-Identität mit der Fähigkeit zur reflektierenden Selbsteinschätzung gefördert.

Hierzu werden einzelne Theater-Bausteine (Auftrag, Text, Figur, Aktion, Reflexion, Inszenierung, etc.) als eigenständige Komponenten systematisiert und damit Prozesse der personalen, ästhetischen und sozialen Erfahrung beim Theaterspielen transparent gestaltet *(vgl. Scheller 1999, S.41 f.)*. Eigene potentielle Handlungs- und Ausdrucksmöglichkeiten werden verändert und durch gruppendynamische Prozesse soziale Kompetenz, Akzeptanz, Respekt, Wertschätzung und Toleranz gestärkt.

3.1.3. Theaterspiel(en) - Sozialintegrativ und Persönlichkeitsfördernd

Freies Theaterspielen mit seiner körperlichen Präsenz, seinen energetischen Bewegungsabläufen, seiner ästhetische
Vieldeutigkeit und seinen eigenen Raum- und Zeitverhältnis-
sen erfordert Zeit, Spontaneität, Phantasie und kreatives
Handeln in einem physikalisch realen Raum, um bislang Un-
bekanntes erfahrbar werden zu lassen. Es betont damit vor
allem den menschlichen Eigenwert und versteht sich insofern
als Kontrapunkt gegen zunehmend belastende sozialökonomische Paradigmenwechsel, Leistungsoptimierungen und bestehende Effizienzzwänge im Bildungs-, Arbeits- und Wirt-
schaftsbereichen mit seinen Management- und Controlling-
verfahren. Über das Spielen werden Denkstrukturen und
Emotionalität aktiviert, nachhaltige Lernprozesse ermöglicht
und soziale Interaktion und Kommunikation gefördert. Das
gemeinsame Theaterspiel besitzt somit eine besondere Dy-
namik, eine sozialintegrative und transformative Kraft *(vgl.
Hentschel, I., 2008, S.14)*.

Theaterpädagogik definiert Lernen als „Wahrnehmungs- und
Erfahrungsraum" und basiert entsprechend im „Spiel" auf folgenden Grundannahmen:

- Theaterspiel(en) weckt die individuellen Selbstbildungs-
kräfte (Wahrnehmungs-, Ausdrucks- und Gestaltungsfähigkeit), wobei die „Spielpraxis" nicht nur dem Vertraut
werden mit Übungen und der Reflexion der didaktischen
Zielsetzung dient, sondern auch der persönlichen und sozialen Bildung. Die didaktisch-methodische Strukturierung

über Szene, Improvisation und Reflexion beinhalten einen konstruktivistischen Umgang als selbständigen, ästhetischen Gestaltungsprozess.

- Es fördert -als „Ästhetische Bildung" definiert- das ästhetische Bewusstsein; die Akteure entwickeln ästhetische Verhaltensweisen wie Aufmerksamkeit, Offenheit, Synästhesie und bewusstes Zeitempfinden und schließt damit gleichermaßen die Selbst- wie auch die Soziale Bildung mit ein *(vgl. Vaßen 2010, S.35-39 und S.129)*.

- Es eröffnet eigene und fremde Perspektiven, fördert die individuelle Selbstdarstellung und unterstützt die subjektive Rezeptionsfähigkeit über interaktiven Austausch.

- Es fördert die Fähigkeit zur Eigeninitiative, ermutigt Wahrnehmungs- und Verhaltensweisen (Gewohnheiten) zu durchbrechen, Neues kennen zu lernen, im Spiel zu konkretisieren und auszuprobieren. Im „Szenischen Spiel" - als ein Aspekt der Theaterarbeit- werden die zur Verfügung gestellten Materialien (Text, Bilder, Requisiten etc.) von den Akteuren bewusst mit in die einzelnen Spielsituationen aufgenommen *(vgl. Czerny 2004, S.26)*. Die szenische Auseinandersetzung mit dem Material ermöglicht es, sich selbst als Person durch das (Rollen)Spiel auf einer anderen Ebene wahrzunehmen und zu erleben, die Sinnhaftigkeit des eigenen Handelns zu verstehen, neue Perspektiven, Verhaltensweisen und Erfahrungen zu machen, Fantasie-, Denk- und Gestaltungsprozesse zu aktivieren.

- Es appelliert an das soziale Verantwortungsbewusstsein, indem -neben einem pädagogisch/ didaktisch/ künstlerischen Anspruch- über Lobby- und Präventionsarbeit ein sozial-politischer Beitrag gegen Gewalt, Vorurteile, Diskriminierung geleistet. Leistungsbereitschaft, Solidarität, soziale Verantwortung, „Sozialer Mut" sowie das Interesse an gesellschaftlichen Fragen und die Bereitschaft zur Veränderbarkeit werden gefördert *(Meyer, Dovermann 2004, S.58/59).*

Über eine Verflechtung von „Spaß" und Herausforderung erhebt die Theaterpädagogik für sich den Anspruch, sensibilisierend in Bezug auf Wahrnehmung und Veränderbarkeit eigener Verhaltensweisen zu arbeiten. Die Darsteller/innen werden aufgefordert, sich mit unterschiedlichen Themen unter Hinzunahme „aller Sinneswahrnehmungen" kreativ, intensiv, vertiefend und begreifend auseinanderzusetzen. Über die Verbindung mehrerer Übungen mit anschließender Reflexion über einen Spannungsbogen wird versucht, zu einer Spielkette und in den *„Flow"* zu gelangen. Hierbei sollen die Akteure über sog. *„soft skills"* an die Bewältigung komplexerer, anspruchsvollerer Übungen wie bspw. der Auseinandersetzung mit ihren Lebenswelten herangeführt werden. Durch die Konfrontation mit unvertrauten und unvorhersehbaren Situationen soll ein Vertrauensaufbau auf die individuellen Selbstorganisationskräfte (Ich-Bezogenheit) und korrespondierender sozialer Gruppenzugehörigkeit (Wir-Bezogenheit) gefördert werden und helfen, problemorientiert zu arbeiten und gleichzeitig neue Fähigkeiten einzuüben bzw. „schlummernde" Ressourcen zu aktivieren *(vgl. Gilsdorf, Kistner 2010, S.12).*

Bei allen Übungen wird auf allzu viel Lenkung gruppendynamischer Prozesse verzichtet. Als „gruppendynamischer Prozess" sind hier die Verhaltensweisen zu sehen, die sich in einer (Klein-)Gruppe aus dem Aushandeln von Regeln, der Konfliktlösungsbereitschaft und der Fähigkeit, Entscheidungen zu treffen und zu akzeptieren entwickeln *(ebd., S. 12f.).*

Voraussetzung hierfür ist ein zielorientiertes/ zielgerichtetes Arbeiten mit der Gruppe als Ganzes, wobei sowohl die zwischenzeitliche Fokussierung auf einzelne Teilnehmer, als auch die Beobachtung der gesamten Gruppe außerhalb des jeweiligen „Sachthemas" nicht außer Acht gelassen werden darf. Bei der Auswahl und Anwendung der einzelnen Methoden ist zu beachten, dass Methoden sich von der ursprünglichen Intension lösen können und eine Art „Eigenleben" führen - hier muss Raum gelassen werden für spontane Entwicklungen. Wichtig ist im Vorfeld die Erarbeitung von Rahmenzielen, bei der Durchführung selbst ist die starre Fixierung auf die definierten Ziele zu vermeiden. Idealerweise ist die Methodik Gegenstand einer kontinuierlichen, prozessorientierten Reflexion *(ebd. S.14)*.

3.1.4. Theater(pädagogische) Arbeit als Perspektivraum zur Schaffung neuer „Alltagswelten"

Welche Motive/ Beweggründe lassen den Einsatz Theaterpädagogischer Mittel konkret für die Arbeit mit Frauen in Wohnungsnot als sinnerachtend erscheinen? Welche Zielsetzungen sind realisierbar? Sind entsprechende Nachhaltigkeiten zu erwarten, die den (zeitlichen und finanziellen) Aufwand solcher Projekterarbeitungen rechtfertigen?
Zur Beantwortung dieser Fragen ist von dem Grundverständnis auszugehen, dass Spielen ein elementarer Bestandteil der Menschen jeder Altersgruppe ist -unabhängig ihrer kulturellen, sozialen, wirtschaftlichen oder individuellen Einbindungen und unabhängig ihrer persönlichen Befindlichkeiten. Im Spiel werden sowohl kognitive wie auch affektive Fähig-

keiten gefördert. Zum Zweiten ist zu berücksichtigen, dass Lernen einem lebenslangen Bildungsprozess unterliegt, wobei als „Triebfedern" für die Bereitschaft zum Lernen u. a. unser Bewegungsdrang, die menschliche Neugier oder körpereigene Belohnungsmechanismen wie die Ausschüttung des „Glückshormons" Serotonin fungieren. Zu berücksichtigen ist, dass theaterpädagogisches Arbeiten nicht als eine psychotherapeutische Disziplin im Sinne bspw. einer reflektorischen Gesprächs- oder Trauma-Therapie instrumentalisiert und missverstanden werden darf.

Obdachlosen Frauen erhalten über die Teilnahme an einem Theaterpädagogischen Projekt die Möglichkeit, besondere Formen des politischen, sozialen und kulturellen Lernens kennenzulernen und sich dabei selbst als aktiv handelnden Teil eines kollektiven Gestaltungsprozesses und als partizipierendes Mitglied innerhalb einer sich selbst tragenden Gemeinschaft neu zu erfahren. Über die Mittel kultureller Bildungs- und Theaterarbeit wird ein Freiraum zur selbstreflektierenden Auseinandersetzung mit der eigenen Motivation, ihrer Identität/ Persönlichkeit und Biographie/ Geschichte, bestehenden und zerbrochenen Beziehungen, ihren gegenwärtigen - vor allem emotionalen - Befindlichkeiten, der eigenen Geschlechtlichkeit und dem doppelten Rollenverständnis von „Frau" geschaffen. Durch spezifische Lernmöglichkeiten mit neuen Erfolgsgewinnen und die künstlerische Auseinandersetzung mittels ästhetischer Gestaltungsmittel, an deren Ende die szenische Präsentation ihrer Arbeiten vor einem Publikum steht, sollen die konstruktive Auseinandersetzung mit individuellen, biographischen Lebensweltorientierungen und einer kollektiven Verallgemeinerung durch das

Erleben von kreativen, positiven Gruppenprozessen innerhalb einer Gemeinschaft vermittelt werden. Langfristiges Ziel
ist es, über das Sammeln von Erfahrungswerten, Sinnstiftungen und fiktiven Lebensentwürfen sowie die Herausforderung
und Bewältigung von Grenzerfahrungen die Frauen zu befähigen, ihre eigenen Bewältigungsstrategien bzgl. ihrer „All-
tagswirklichkeiten" zu verändern, ihre Bereitschaft zur gesellschaftlichen Wiedereingliederung und Selbstbestimmtheit
zu stärken und sinnstiftende Perspektiven für ihre persönliche Zukunft zu entwickeln.

Theaterspiel(en) *mit* obdachlosen Frauen erfordert von den
Teilnehmern individuellen Mut und die Bereitschaft, sich auf
das Spiel von „als ob"-Situationen (bei geforderter Echtheit/
Authentizität) einzulassen, wobei diese über die Erarbeitung
szenischer Rollenspiele, darstellende Körper- und Textarbei-
ten, Improvisationen, Choreographien, Performance etc. entsprechend der künstlerischen Aufgabenstellung umzusetzen
und bis zur Aufführung zu komprimieren sind. Bei der theaterpädagogischen Projektarbeit wird - entgegen einer trad.
dramenzentrierten Theaterproduktion[12] mit Regie- und Auto-
renvorlage - bewusst auf eine authentische Rollenbesetzung
verzichtet.

---

[12] Terminologie von Hajo Kurzenberger (1998 S. 61 in: Köhler, S. 18).
Dramenzentrierten Produktionen inszenieren sich gleichgestellt
selbst über eine bewusste „authentische Rollenbesetzung" zwischen
Kunst und soziale Realität (Bsp. ein Kiosk-Besitzer als Laiendarsteller seiner eigenen Lebenswelt ist in seiner Bühnenrolle wieder
der Kiosk-Besitzer). Rollen werden lediglich entsprechend einer
vorgegebenen Geschichte als „Mittel zum Zweck" besetzt ohne
Rücksichtnahme auf private Befindlichkeiten der Darsteller.

Die eigenständige dramaturgische Stückentwicklung, die Erarbeitung eigener Texte, das Ausprobieren verschiedener Darstellungsarten sowie die eigene Mitwirkung - auch auf sozialräumlicher Ebene - verschafft den Teilnehmern Akzeptanz, Achtung und Wertschätzung; sie werden zu eigenverantwortlich handelnden Akteuren. Ihre subjektiven Erfahrungen/ Erinnerungen, ihre durch Ausgrenzung und Stigmatisierung wahrgenommenen sozial-gesellschaftlichen Erlebnisse und ihre taktischen Bewältigungsstrategien bilden dabei wichtige Ressourcen, auf die bei der Suche nach konzeptioneller Umsetzung einer Themenvorgabe oder für die Umsetzung einer Inszenierung -bspw. im öffentlichen Raum- zurückgegriffen werden kann und soll.

Das Theaterspiel(en) ermöglicht den obdachlosen Frauen, ihre Lebenswelt und Alltagswirklichkeit zu spiegeln, in einer ästhetisierenden Weise Menschen in ihren Beziehungen, Verwicklungen, Konflikten, in Machtstrukturen sowie ihren persönlichen, sozialen und gesellschaftlichen Bezügen aus veränderbaren Perspektiven wahrzunehmen. Dabei werden sie z. T. mit Grenzerfahrungen konfrontiert, die es gilt „auszuhalten" und als Erfahrung zu akzeptieren. Über die selbstreflektorische Auseinandersetzung werden Bezüge zur eigenen Persönlichkeit, angeeignetem/anerzogenem gesellschaftlichen Rollenverhalten, eigenen Werten und Normen sowie positiven und negative Erinnerungen hergestellt. Die Darstellerinnen werden somit in ihrer Ganzheit als Personen von der ersten Probe an bis zur Aufführung angehalten, ihre Befindlichkeiten, Gefühle, Wünsche nach Anerkennung und Respekt Ausdruck zu geben. Ihre Frustrationstoleranz, ihre Vorgeschichten und ihre Perspektiven wirken dabei als Impulsgeber für das Spiel(en). So werden bspw. über die Sensibilisierung der eigenen Körperwahrnehmungen und interaktive Handlungsmuster u. a. erlernte und angeeignete Verhaltensweisen verändert und emotionale, kommunikative, soziale und künstlerische Kompetenzen gesteigert.

Durch die Konfrontation mit eigenen subjektiven Deutungsmustern und das Ausprobieren alternativer Handlungsweisen im szenischen Rollenerleben werden die Darstellerinnen ermutigt und unterstützt, Erinnerungen und Erlebnisse über die eigene künstlerische Kreativität/ Ausdrucksweise zu verarbeiten und Deutungsmuster in ihrer subjektiven Wahrnehmung zu verändern. Den Frauen wird es unter verschiedenen „Blickwinkeln" ermöglicht, sich mit ihrer eigenen Rolle als „Frau", ihren familiären Strukturen und beruflichen/ gesellschaftlichen Position sowie ihrer aktuellen Lebenslage auseinander zu setzen. Die Stärkung ihrer eigenen Selbstwahrnehmung, die Vermittlung kreativer Ausdrucksmöglichkeiten und durch eine ev. erforderliche therapeutische Unterstützung werden „Selbstheilungsprozesse" aktiviert, die es ermöglichen, Problematiken der Vergangenheit zu bewältigen und eine positivere Grundeinstellung zur eigenen Selbst- und Fremdwahrnehmung zu bekommen.

Die Teilnahme am aktiven Theatererleben fördert damit indirekt ihre Fähigkeiten zur Gestaltung individueller Lebensläufe.

3.1.5. Erreichbarkeit von wohnungs- und obdachlosen Frauen

Frauenforschungsberichte und regelmäßig durchgeführte statistische Erhebungen beinhalten übertragbare Handlungsweisen zur Erreichbarkeit von obdachlosen Frauen. Danach sind Kontaktaufnahmen vor allem über soziale Einrichtungen (Beratungsstellen, Tagestreffpunkte, Bahnhofsmissionen, mobile Hilfen, Straßensozialarbeiter(innen), etc.) und deren Mitarbeiterinnen am Erfolgversprechendsten. Um auch „verdeckt Obdachlos" lebende Frauen zu erreichen ist es sinnvoll, Kirchengemeinden, Bürgerinitiativen, Selbsthilfeinitiativen ebenso wie alle niedrigschwelligen Sucht- bzw. Drogenberatungsstellen einer Kommune und Einrichtungen der offenen Jugendhilfe in Form von schriftlicher und telefonischer Absprache um ihre Unterstützung zu bitten. Über Flyer, Plakate, ausliegende Interessenlisten, Internetnetzwerke, Einbindung der lokalen Presse und der kommunalen Politik etc. sollte im Vorfeld des geplanten Theaterpädagogischen Projektes bereits geworben werden *(Lobbyarbeit, siehe auch Kapitel 3.3.).* Forschungserfahrungen aus der Vergangenheit belegen, dass es sich bei obdach- und wohnungslosen Frauen um eine schwer erreichbare und „flüchtige" Gruppe handelt. Auf eine Teilnahme angesprochen, reagierten alle Frauen positiv bis begeistert und sagten Verabredungen zu, hielten diese aber nicht immer ein. Auch finanzielle Anreize erzielten nicht ihre zugeschriebene Wirkung. Diese „Unverlässlichkeit" der Frauen leitete sich im Nachhinein aus ihren räumlichen und sozialen Lebensbezügen und Negativerfahrungen im sozialen Umfeld ab *(vgl. Helfferich et. al. 2000, S.16).*

Dieses Verhalten obdachloser Frauen unterstreicht die Wichtigkeit einer frühzeitigen Einbindung interessierter Mitarbeiterinnen der verschiedenen Einrichtungen in die Projektplanung, um sie über Konzepte, Inhalte, Zielsetzung, Finanzierung und den zeitlich eingeplanten Rahmen sowie über Möglichkeiten und Notwendigkeiten (Schnittstellen) einer Gremienbeteiligung ausführlich zu informieren. Ihre langjährigen Kontakte, ihre Kenntnisse über die individuellen Problemlagen sowie bestehende Vertrauensverhältnisse helfen dabei, eine Vorauswahl möglicher Projektteilnehmerinnen zu treffen, diese Personen entsprechend zu erreichen und zu einer Teilnahme zu motivieren. Ferner ist ihnen ein leicht verständlicher, standardisierter Fragebogen mit vorgegebenen Antwortkategorien, der möglichst schnell und einfach handhabbar gestaltet ist, auszuhändigen, um verwertbare Informationen (Alter, familiäre Strukturen, ethnische/ kulturelle Zugehörigkeit, Krankheits- oder Suchtproblematiken, Dauer des Wohnungsnotfalls, vorübergehende Unterbringung etc.) über interessierte Teilnehmer zu erhalten.

Die Auswertung der Fragebögen liefert wichtige Informationen für die spätere Konzeptionierung der Zusammenarbeit mit Einrichtungen der Sozialen Arbeit, Behörden etc., um individuelle ganzheitliche Hilfepläne zur gesellschaftlichen (Re)Integration für die am Projekt beteiligten Personen zu erarbeiten.

3.2. Theaterpädagogische Vielfalt als Chance und Risiko

3.2.1. Von einer Idee bis zum Bühnenstück -
Einsatz versch. Theaterformen

„Der erwiderte Blick, auf der leeren Bühne eine Frau allein.
Ein Seil hält, bindet sie, gibt ihr Flügel, raubt ihr die Fe-
dern. Immer zwanghafter, marionettenhafter geraten ihre
Bewegungen, jeder Schritt in die Freiheit endet im Be-
wusstsein der Abhängigkeit -bis sie sich von dem bezwin-
genden Band befreit und langsam, tastend, zu laufen be-
ginnt. Schritt für Schritt ...".

(zitiert aus: Brendenal 2000, Vorwort).

Theaterkunst als emotionaler Streifzug mit eigenen Gestal-
tungsanteilen und Elementen der eigenen biografische Geschichte, Befindlichkeiten der jüngeren Vergangenheit, die
beschworene Zukunft: Parabeln menschlicher, leidgeprägter
Lebensabschnitte mit charakteristischen, individuellen Strukturen, das vermutlich „auf der Straße" geendet hätte, wenn
nicht....
Eine Theaterproduktion bestehend aus Elementen des Tanz-,
Impro- und Objekttheaters, relationaler und biographischer
Arbeit: auf einer rückwärtigen Bühnenwand Bilderproduktion
in Kombination mit Klangelementen (Einsatz virtueller Me-
dienwelt), zusammengeschnürt als Performance Art mit offenem Ausgang - die Darsteller sind „Laienschauspieler". Im
Vordergrund (auf der Bühne/ Spielebene) biografisch gepräg-
te Szenen erfahrener Ausgrenzung, verpasster Chancen, er-

littener Demütigung. Real erlebte Wirklichkeit wird öffentlich (zur Show gestellt); kein Happy end mit einer „rosigen Zukunft", glücklicher „alle haben mich lieb-Mentalität"! Diese Konfrontation bietet dem Betrachter Raum zum Nachdenken und stellt sich der Diskussion und Interaktion mit dem Zuschauer als Austausch/ Auseinandersetzung zwischen Vergangenheit und der Jetztzeit über spannende, aufschlussreiche und konkret erfahrbare Realitäten.[13]

Die Theaterpädagogische Arbeit mit obdachlosen Frauen verlangt vor allen von der Projekt- und Ensembleleitung Erfahrung, eine empathische Grundhaltung mit hoher Toleranzgrenze, Verständnis, Respekt, Feingefühl und die vorsorgliche Einplanung nicht kalkulierbarer Zeitzugeständnisse. Aufgrund der vorliegenden besonderen Befindlichkeiten, traumatisierender Erinnerungen, prekärer Lebenslagen und unterschiedlichen Bildungsniveaus bei den Projektteilnehmerinnen ist nicht jede Methodik geeignet, alle Frauen über eine längere Zeitspanne zur kontinuierlichen Teilnahme zu motivieren. Nicht jede Teilnehmerin schafft es, sich stringenten Zeit- und Ablaufanforderungen unter zu ordnen oder ist in der Lage, vorgegebene Texte szenisch zu interpretieren oder auswendig zu lernen. Nicht jede besitzt anfänglich die schauspielerische Kraft und den Mut, sich vor den Mitspielern (geschweige denn vor einem fremden Publikum!) in darstellender Weise zu positionieren und sich damit entsprechender Kritik auszusetzen. Viele benötigen anfänglich ein

---

[13] Eigene Workshop-Inszenierung 2011 mit halböffentlicher Aufführung. Vier Akteure (einschließlich ein Techniker als Bestandteil der Inszenierung) agierten zusammen auf der Bühne. Als Requisite dienten ein „mit Erinnerungen" angefüllter Koffer, ein personifizierter Stuhl und ein „symbolbehaftetes" Seil.

Medium/ Objekt, um sich über eigene Erinnerungen/ Erfahrungen und den damit verbundenen, oft negativ besetzten Emotionen austauschen zu können. Allzu harte Konfrontationen mit bestehenden Realitäten und deren subjektiven Wahrnehmungsmustern können schnell zu Überforderungen, gefühlter Ausgrenzung und zum Abbruch der Projekt-Teilnahme führen. Die Frauen würden sich hierdurch nur erneut in ihrem „Scheitern" bestätig fühlen und sich über ihnen vertraute Rückzugsstrategien weiter verschließen.

Allgem. Bewegungs-, Impro- und Postdramaturgische Elemente eignen sich vor allem in der Kennenlern- sowie zu Beginn der Entwicklungsphase als sinnvolle Methodik für einen motivierenden und schnellen positiven Zugang zum Medium Theater und dessen „Spielmöglichkeiten". Dennoch sollte bereits in einer sehr frühen Projektphase parallel mit der speziellen Ausrichtung hin auf besondere Theaterformen gearbeitet werden. Jede/r Theaterpädagoge/in sollte hier seine eigenen qualitativen Schwerpunkte setzen. Mir persönlich erscheinen die drei nachfolgend beschriebenen Theaterformen als besonders geeignet, da sie in besonderer Weise einen großen Freiraum lassen, Elemente aus der Bildenden Kunst, dem Choreo- und Tanzbereich, dem biographischen- und dem körperbezogenen darstellendem Präsenztheater miteinander zu verbinden.
Bei allen ausgewählten Theaterformen entstehen faktisch keine Kosten für aufwendige Bühnenbilder, Kostüme oder Requisiten, Aufführungen benötigen nicht zwingend einen Theaterraum als feste Verortung. Ins Spiel(en) selbst lassen sich über *„Ummodellierungen"* und die Herstellung neuer Kontextbezüge bspw. eigenes „Hab und Gut", Alltagsgegens-

tände oder Sperrmüll -als wertvolle Straßenfundstücke- leicht integrieren; situativ bedingte ereignishafte Gegenwartsrealitäten bilden -gleichermaßen wie Zukunftsperspektiven, Wünsche oder persönliche Erinnerungen sowie deren Deutungsmuster- auf inhaltlicher Ebene einen reichen Fundus für Rollen-, Ausdrucks- und Texterarbeitungen. Hierdurch wird ein besonderer Raum für Fantasie, kreatives, freies Gestalten, Interaktion und Kommunikation, der Entwicklung origineller ästhetischer Konzepte sowie den „Ausprobieren" verschiedener Sichtweisen/ Perspektiven mit vielfältigen Darstellungsmöglichkeiten geschaffen, wodurch soziale Lernprozesse über neue Sinnstiftungen nachhaltig gefestigt und Verhaltensänderungen gefördert werden.

3.2.2. Das Objekttheater- vom Verhältnis zwischen Körper und Materialität

Das Objekttheater ist eine sehr junge Theaterform, die zwischen Bildender Kunst, Schau- und Puppenspiel agiert und ursprünglich dem Puppentheater zugeordnet wurde.
Der künstlerische Umgang mit Objekten bedarf - beginnend mit der Auswahl - viel Zeit und ist nur mit einem intensiven Prozess der Annäherung und Auseinandersetzung möglich. Das Objekttheater besitzt große Wirkkraft; gleichzeitig ermöglicht es das Spielen im Kleinen mit überschaubaren, begrenzten Bezügen innerhalb eines beliebigen Raumes. Ein Tisch, mitten in einen leeren Raum gestellt, erzeugt beim Betrachter Neugierde und Aufmerksamkeit. Dieser Tisch besitzt in der subjektivierten Zuweisung als „Theatraler Spielraum" allein durch seine Form und Größe eine natürliche Be-

grenzung. Um diesen herum ist nur eine max. begrenzte Anzahl von Zuschauern möglich, um das Dargestellte wahrzunehmen und betrachten zu können. Auf/unter dem Tisch
selbst und um ihn herum ist nur die Drapierung von einer begrenzten Anzahl von Objekten möglich, die wiederum abhängig ist von der Struktur, Formbarkeit und Größe der ausgewählten Elemente - zu viele Objekte verwirren! Der Künstler/
Darsteller selbst betrachtet seine szenische Darstellung in
einer Art „dritten Person" aus der Vogelperspektive; der
Spielablauf ist somit für ihn „von außen" kontrollierbar, lenk-
bar und jederzeit korrigierbar; gleichzeitig ist er durch seine
Präsens und sein aktives Handeln Teil seines eigenen Spie-
les.

Beim Objekttheater dienen unterschiedlichste, uns täglich
umgebende, leblose (Alltags)Gegenstände als Basis jeder
Arbeit. Der eigene Körper des Schauspielers -als handelndes
Subjekt- steht in einem besonderen, gleichwertigen Verhältnis zum mitspielenden Objekt. Dialoghafte Interaktionen entstehen weniger durch das vom Theater gewohnte Kommentie-
ren einer Szene, als vielmehr durch die Herausnahme der
Objekte aus ihrem gewohnt-bekannten, alltäglichen Bedeu-
tungskontext.

Im Gegensatz zum klassischen, oftmals eher beliebigen
Theaterrequisit erhält ein Gegenstand im Objekttheater eine
eigene, ganz persönliche Bedeutung. Es gilt, durch das Einlassen und erforschen seiner Beschaffenheit, Eigenarten,
„Gebrauchs"- und Bewegungsmöglichkeiten und räumlichen
Präsenz seine individuelle Spezifität als „Subjekt mit cha-
rakterlichen Eigenschaften" herauszuarbeiten *(vgl. Reuter,
2007, o. S.).* Damit wird dem Objekt - ebenso wie der Klei-
dung/ dem Kostüm des Darstellers - eine unverwechselbare,

individuelle Identität im neuen Kontext zugeschrieben *(vgl. Weitzner 1993, S.31)*. In der Zweierbeziehung Darsteller - Objekt werden über das Ausprobieren verschiedener szenischer Rollenperspektiven mit seinen dramaturgischen Möglichkeiten für eine Geschichte nützliche Elemente ausgewählt, mögliche Assoziationen erkundet und Anknüpfpunkte zu komplexeren Bedeutungen sichtbar gemacht *(vgl. Molnàr, 2011, S. 55)*, wobei es *„nicht um die Frage geht, wie bewege ich das Objekt, sondern was mache ich zusammen mit dem Objekt. Es geht darum, die Grenzen der Interaktion auszuloten. Man kann Objekte als das benutzen, was sie sind, oder als das, was sie bedeuten können."* *(Zitat: ebd. S.56)*.

Mit (menschlichen) Eigenschaften ausgestattet, sprechen sie als eigenständiger „Seelenpartner" gleichberechtigt im Spiel ihre eigene Sprache, sind somit Handlungsträger und mitbestimmender Faktor im theatral-künstlerischem Prozess, ohne jedoch den Anspruch zu haben, als ein reines Kunstobjekt zu agieren *(vgl. Theater an der Parkaue, Berlin 2012, o. S.)*. Um aus diesem Zusammenspiel ein „Bühnenexperiment" als Erzählung, interaktive Installation, Performance oder szenischen Ablauf entstehen zu lassen, gilt es, -ähnlich dem Theater des Nicht-Perfekten oder dem postdramatischem Theater- weniger zu interpretieren als vielmehr spielerisch auf Entdeckungsreise zu gehen, Handlungsräume auszuloten, mit Grenzüberschreitungen scheinbar bekannte Wirklichkeiten in Frage zu stellen. Als Ergebnisse entstehen ästhetische, bildhafte Geschichten -ohne Text- oder Regiedominanz- als ungewohnte Sinnstiftungen mit teils poetischen, geheimnisvollen, skurrilen bis dramatisierenden Zusammenhängen in einem gleichwertigen Miteinander als *„Kollektiv der ästhetischen Mittel"* *(vgl. Reuter 2003, S.13)*. Ungewohnte Gesamtbilder und das Arbeiten mit Lücken fordern dabei den Betrachter auf, über eigene Phantasien und Imaginationskraft dargebotene Zeichensysteme und Botschaften zu entziffern *(vgl. Hentschel, I. S.8).*

So konfrontiert die z. Z. in Berlin lebende Performerin und Objektkünstlerin Eva Meyer-Kellers in ihrer aktuellen komischen Tragödie „Death is Certain"[14] dem Zuschauer auf eindrucksvolle Weise mit dem Töten von 35 sauber in einer Reihe ausgelegten „wartenden" Kirschen. Nacheinander werden diese Opfer: als Versuchskaninchen in einer Folge brutaler und komischer „Experimente", als Voodoo-Puppen, Crashtest-Dummies, verbrennen unter der Last eines Bügeleisens, werden gehäutet oder stürzen sich die Klippe (=Tischkante) hinab. Die letzte Kirsche erleidet den Erstickungstod durch Eintauchen in ein Marmeladenglas. Bei all diesem agieren Ihre Kirschen oft nicht alleine. Als Bühne definiert sie zwei Tische, sauber bedeckt mit zwei makellos weißen Tischtüchern: der Eine als „Todesküche", der Andere als Utensilien-Sammlung in Warteschleife. Während Meyer-Keller einen Mord nach dem Nächsten begeht, bewegt sie sich permanent, metronomisch und vielbeschäftigt zwischen ihren Tischen hin und her: kommentarlos, ohne Blickkontakt zum Zuschauer aufzunehmen. Ihre Arbeit erledigt sie dabei nicht aus Freude, sondern einfach aus der Überzeugung, dass sie verrichtet werden muss! Trotz jeden inszenierten Todes ist die Dramaturgie des Stückes subtil, verspielt, gleichermaßen simpel wie komplex und voller Überraschungen *(vgl. Etchells, o. S.).*

---

[14] Aufführung in Deutschland am 26. Jan. 2013 im Figurentheater - Münchener Stadtmuseum, Fotos der Aktion eingestellt unter: www.evamk.de-Works

Das Objekttheater ist im besonderen Maße für den theaterpädagogischen Anwendungsbereich prädestiniert und bietet
sich an, Bezugsquelle und Ausgangspunkt auch für die praktische Soziale Arbeit zu sein. Die Loslösung von textlicher
Dominanz, die bewusste Reduzierung der Theaterbühne, der
besondere Umgang mit alltäglichen Gegenständen und die
besondere, spielerische Herausforderung führen zur Anre-
gung der Fantasie, kreativer, spontaner Ideenumsetzungen
und ermutigen zur Etablierung von Eigenproduktionen. In
diesem Sinne verfolgt das Objekttheater in seinem Verhältnis
zur Theaterpädagogik die Sensibilisierung für- und die Beto-
nung von generativen Techniken, die es ermöglichen, aus
Themen, Bildern, Recherchematerial, Interviews, Sounds
oder verschiedenen biografischen Erfahrungen heraus Sze-
nensequenzen oder ganze Stücke[15] zu entwickeln. Wie in
kaum einer anderen Theaterform ist das Endprodukt schwer
vorhersehbar und bleibt oft bis zum Schluss verborgen. Diese Gratwanderung bietet gleichermaßen ein Experimentier-
feld für Momente der Freiheit, Unabhängigkeit und Ruhe[16]
und ist charakteristisch für das Objekttheater *(vgl. Reuter
2007, o. S.).*

Die Obdachlosen Frauen sind aufgefordert, ihr weniges „Hab
und Gut" sowie „Straßenfundstücke" als Objekte aus einem
völlig neuen Blickwinkel zu betrachten und erfahren hierüber
eine neue Wertschätzung ihrer Utensilien. Die Projektteilnehmerinnen werden mit fortschreitendem Projektverlauf zu-

---

[15] Vgl. hierzu auch: Heddon, Deirdre; Jane Milling: „devising performance"; New York 2006 und Oddey, Alison: „devising theatre"; London 1994

[16] Methode wurde vor allem durch den Objekttheaterkünstler Jacques
Templeraud (Frankreich) perfektioniert.

nehmend aufgefordert, mit ihren in der Erinnerung bewahrten „Hab und Gut" gleichfalls als virtuelle Objekte zu arbeiten und ihnen reale Gegenstände (als Medium) zuzuordnen. Diese „Erinnerungsobjekte" sind oft subjektiv verklärt und negativ belastet, werden auf diese Weise in die reale Gegenwart transformiert, können gleichzeitig aber als reale Objekte aus einer entsprechenden Distanz betrachtet werden und erhalten durch die spielerische Auseinandersetzung eine neue Sinnhaftigkeit.

Indem gerade beim Objekttheater gewohnte Gesetze und Deutungsmuster außer Kraft gesetzt werden, werden die Teilnehmerinnen besonders in ihrer Wahrnehmung geschult. Ihre Aufführungen bekommen als Ergebnis und in ihrer Erzählqualität selbst einen besonderen Wert durch ihre einmaligen „Unwiederholbarkeiten". Nebenbei erlernen die Frauen auf „spielerische" Art und Weise eine Methodik der Vergangenheitsbewältigung,[17] erleben sich aber auch gleichermaßen als eigenverantwortlich agierende Individuen und kreativ künstlerisch-darstellende Persönlichkeiten. Als Schaffensprozess bedingt das Objekttheater zusätzlich die eigene Gestaltung von literarischen Erzählgeschichten und Theaterpuppen mittels verschiedener Materialien und Objekte als konstruktiver Umgang mit Fremdheit, wodurch eine sinnhafte, kreativ-handwerkliche Förderung erfolgt und kommunikatives

---

[17] Sehr erfolgreiche Methodik aus der Traumatherapie; die Patienten übertragen einen negativ belasteten Teil/Verhalten ihrer Person bzw. ihrer Erinnerungen und Emotionen auf ein Objekt. Dadurch können sie als „außenstehende 3. Person" die Situation völlig neu bewerten, werden quasi Beobachter von sich selbst. Zu einem späteren Therapiezeitpunkt wird das Objekt symbolisch verschlossen oder an einen „sicheren Ort" versteckt, die Psyche hiervon parallel befreit. *(u. a. in: Huber, Michaela: „ Wege der Traumabehandlung"; Band II, junfermann Verlag, Paderborn 2009)*

Sprach- und/oder Erzählvermögen aus etwas Stummen heraus entwickelt werden kann. Die Ergebnisse solcher „Literarischen Arbeiten" oder „Puppenbau Workshops" schaffen zudem Raum für eine öffentliche Präsentation mit Transferwert (Förderung der eigenen Wertschätzung).

3.2.3. Theater(pädagogik) und Performance - öffentliche Selbstdarstellung mit ungewissem Ausgang

Performatives Theater schafft Ereignisse. Die neuere theaterwissenschaftliche Forschung betont weniger den imaginativen, bild-, bedeutungs- und sinnhaften als den performativen Charakter des Mediums Theater. Dabei wird die Inszenierung (als intendierte Konzeption) von der Aufführung als kontingentes Phänomen unterschieden, das den Zuschauer und seine Wahrnehmungsaktivität einschließt *(vgl. Fischer-Lichte 2004)*.

Eine Performance realisiert sich durch die körperliche Ko-Präsenz von Ort, Raum, Zuschauern und Akteuren sowie in den Aktivitäten und dynamischen Prozessen aller handelnden Parteien (Künstler/ Zuschauer/ Darsteller). Bei der Aufführung sind Emergenzen wichtiger als das Geschehen selbst bzw. dessen Bedeutung. Daher sind Ablauf und Ergebnis einer Performance niemals vollständig vorhersehbar oder planbar. Charakteristisch für jede Performance ist die garantierte Verknüpfung von situativen Handlungsabläufen zu einer Spielkette.
Zeitgenössische Theater-Performance bewegt sich zwischen Aufführungskunst und kommunikativer Praxis. Im Theaterbe-

reich spielen dabei die Verknüpfungen von Körpersprache, Handlungsstrategien, Zeit-Raum-Parametern und Medien zu einem Handlungsstrang -wie in der Performance Art- meist weniger eine Rolle, vielmehr geht es um die Schaffung eines heterogenen fließenden Bilderstroms, in dem sich komplexe Ereignissettings mit Provokation bzw. Animation des Publikums ergeben sollen. Die Darsteller (Performer) unterliegen dabei keinem festgelegenen Rollenspiel, sondern bewegen sich zwischen freier Improvisation, choreografischer Inszeniertheit und faktischem Tun.

Auch in der Theaterpädagogik etablierte sich performatives Handeln, jedoch mit deutlichen Unterschieden zum Theaterbereich: als Performance der kommunikativen Praxis werden Formen von sozial-, therapeutisch-, politisch- und ästhetisch begründeten Handlungen in Alltags- und Lebensprozesse eingebracht und hierüber „sich fremde" Menschen zur Kommunikation aktiviert. Innerhalb einer Aufführung sind Ästhetik, Soziales und Politisches untrennbar miteinander verknüpft, wobei es immer um die Aushandlung/ Festlegung von Positionen, Beziehungen und um Machtverhältnisse geht.

Bei der körperpräsenten Performance als interdisziplinäre Ästhetik wird versucht, Montagen zwischen unterschiedlichen Kunst-, Musik-, Tanz-, Sprach- und Medienbezügen als Prozess einer intermedialen Wahrnehmungs- und Erlebnisweise zu erzeugen. Als Beispiel sei an dieser Stelle das Ensemble „Piloti Storti"[18] der Spastikerhilfe Berlin e. V. erwähnt: über

---

[18] Projektleitung: Kruschat, Angelika; Ensembleleitung: Vogt, Christine. Theatergründung 2002. Seit 2009 werden - über Fördergelder finanziert - professionelle Künstler aus den Bereichen Tanz, Ge-

ihre performativen Aktionen mit Darstellern/innen mit und ohne körperliche Beeinträchtigungen kämpfen sie gegen Vorurteile und soziale Ausgrenzung. An „medizinischen Durchgangsorten" konfrontieren sie Passanten mit bunt gemischten Körperbildern von über- und untergewichtigen Personen, Behinderten und Nichtbehinderten. Aktionen, die weder zu übersehen noch zu überhören sind. „Bruchlandungen" werden bewusst intendiert, alle Produktionen vereinen in sich einen hohen künstlerischen und integrativen Standard *(vgl. Piloti Storti unter: spielart-berlin.de, o.S.)*.

Über Körperpräsens lassen sich - als „Sozio-kulturelle Grenzüberschreitungen" - Ausgrenzungen, Diskriminierungen, prekäre Lebenslagen als Alltagsprozesse über besondere Verhaltens- und Ausdruckspotentiale bildhaft herstellen und werden somit für den Betrachter transparent, kommunizierbar und kritisierbar gemacht.

Indem bei einer Performance mit der Präsentation im öffentlichen Raum als „fremden Ort" und als Theater-/ Bühnenbereich ein Ausschnitt realer Alltagswirklichkeit gewählt wird, wird der zufällig vorbeikommende Passant zum Publikum transformiert und damit im übertragenem Sinne die Gesellschaft als Teil der Handlungsablaufes mit performt *(vgl. Fischer-Lichte 2004, S.11-12)*.

Performance Art agiert spontan mit improvisierten Ereignissen in Form von situativer Eigenthematisierung ohne lange Probenprozesse. Dies ist wichtig, um Raum zu behalten für

---

sang und Schauspiel als Gäste an den Produktionen beteiligt. 2010 erhielt das Ensemble für ihre Theaterproduktion „Hörsaalruine" und der Performance „Wir werden gesehen!" in Rahmen des „EU Jahres zur Bekämpfung von Armut und sozialer Ausgrenzung" besondere Fördermittel u. a. vom BM für Arbeit und Soziales und der EU-Kommission.

spontane Improvisationen -bspw. bei „Textverlust"- und eine künstlerische Umsetzung beim Agieren im freien Szenenspiel. Nur hierdurch wird es dem Darsteller gestattet, seine Persönlichkeit unbefangen als Impulsreaktion in die Handlung mit einzubringen.

Bei der Arbeit mit obdachlosen Frauen sind als konzeptionelle, thematische Ausgangspunkte einer geplanten Performance vorwiegend soziale Aspekte wie bspw. die Frage nach Heimat (als räumlich lokalisierbaren Ort) oder Liebe, Hass und Verlust (als emotionalen inneren Ort) im Kontext zu biographisch vergleichenden Betrachtungen und unter dem Blickwinkel verschiedener persönlicher Erfahrungen mit dem gleichen Thema auszuwählen. Obdachlose Frauen sind im Besonderen darin geübt, außerhalb geschützter, in sich geschlossener Räume zu Agieren. Begibt man sich mit Ihnen -bspw. unter der Prämisse „groteskes Straßentheater als Performance"- gemeinsam auf Spurensuche, finden sich schnell geeignete Themen - ob scheinbar alltäglich, skurril oder im Verborgenem schlummernd. Der „Spielort" ist der öffentliche soziale Raum mit seinen alltäglichen theatralen Begebenheiten wie einem Festumzug, eine Galaeröffnung, eine Beerdigungszeremonie, der Run zum Schlussverkauf oder „Sperrgebiete", die für Obdachlose durch Hinweisschilder als verbotene Aufenthaltszonen deklariert wurden.
Die Frauen bewegen sich im sozialen Raum auf bekanntem Terrain, was ihnen Sicherheit und Selbstvertrauen vermittelt, Hemmnisse abbaut und somit zum freien Spiel und spontanen Handlungen ermutigt. Gerade „auf der Straße" können sie auf ein Repertoire vertrauter Abläufe mit individuellen, subjektiv wahrgenommenen Verortungen zurück greifen und gleichzeitig ihre damit verbundenen Erinnerungen unter einer verän-

derten inneren wie äußeren Haltung neu inszenieren. Über die Aufführung positionieren sich die Teilnehmerinnen selbst nicht mehr als unliebsames, störendes und schmarotzendes „Obdachlosen-Übel" im sozialen Raum, sondern bereichern diesen über ihre Präsenz als Performerinnen für eine gewisse Zeitspanne aktiv handelnd mit kreativer, positiv behafteter Theaterkunst. Entscheidend für die Anerkennung und das Gelingen einer Performanceinszenierung im Kontext sozialer „Straßenbezüge" ist es jedoch, in wie weit die Performerinnen Teile ihrer individuellen Biographien, deren Bearbeitung und Umsetzung auf die gesamte Gruppe/Ensemble kollektivierend transformieren können und eine Vertrauensbasis innerhalb der Gruppe aufgebaut werden kann. Alle Akteure müssen sich in der Vorbereitungsphase, im Spiel und im kollektiven Miteinander[19] aufeinander verlassen können.

An einer Performance teilzunehmen erfordert von jedem Teilnehmer Mut und Courage, präsentiert man doch immer in der Öffentlichkeit einen Teil seiner eigenen Persönlichkeit und seiner Befindlichkeiten einem Publikum, das nicht unbedingt ein Interesse bzw. einen Zugang zu Kunst- und Theaterdarbietungen besitzt. Entsprechend unterschiedlich können die Reaktionen sein: manche Passanten verfolgen aufmerksam

---

[19] kollektives Miteinander: hier zu verstehen als ein gruppendynamischer Prozess, wobei sich der Einzelne über die Identifikation als gesamte Gruppe/Ensemble neu erfährt. Wichtig u. a. für: Vertrauensaufbau, Einhaltung von Absprachen, gegenseitigen Halt/Unterstützung, Problem- und Konfliktlösungsverhalten etc. Sie müssen befähigt sein, einschätzen zu können, inwieweit Aspekte ihrer eigenen Lebensgeschichte unter welchem Blickwinkel und mit welcher Grundhaltung innerhalb einer Performance eingebracht werden dürfen oder inwieweit sie sich zugunsten dramaturgischer Rahmenbedingungen, einer korrespondierenden Gruppenzugehörigkeit und einem zu erwartenden Zuschauerinteresse bzw. Zuschauerreaktion zurücknehmen müssen *(vgl. Köhler, 2009, S. 47)*.

das gesamte Geschehen, andere gehen scheinbar teilnahmslos vorüber, werden aber aus der Distance zumindest für einen gewissen Zeitraum das Geschehen beobachten. Wieder andere werden empörte Missmut-Äußerungen lauthals von sich geben oder - in seltenen Fällen - versuchen, eine Performance zu behindern. Alle Performerinnen sind in einem geschützten Raum mit anschließender sorgsamer Aufarbeitung über Gruppen- und Einzelgespräche auf solche zu erwartenden Reaktionen vorzubereiten und der Umgang hiermit ist zuvor mehrfach einzuüben. Hilfreich sind u. a. Deeskalations- und AAS-Übungen sowie das eigene Ausprobieren verschiedener Perspektiven einer gleichen Situation bspw. über (Post)Dramaturgische-, Impro- oder Relationale Theatereinheiten *(siehe auch unter: 3.2.4.)*.

Der besondere Reiz, sich über eine Performance Inszenierung in der Öffentlichkeit zu präsentieren besteht darin, dass die Darstellerinnen ihre problematischen Lebensverhältnisse, Randgruppenerfahrungen, Stigmatisierungen und Vorurteile auf einfache, kontrovers-brisante bis persiflage-humoreske und doch effiziente Weise der Öffentlichkeit (Passanten als Zuschauer) vorführen können. Gleichzeitig verfügen sie dabei aber über freie Spielsequenzen, durch deren spontanen Ausgestaltung sie zu jedem Zeitpunkt der Inszenierung einen „Dreh" in unerwartete Richtungen geben können: sie selbst bestimmen somit Verlauf und Ausgang. Die Reaktionen hierauf spiegeln -unabhängig von der Darstellungsqualität- vor allem die öffentliche Haltung und das allgemeine Interesse an ihren sozialpolitischen Themen und deren Interpretation durch ihre szenische Umsetzung. Die Anerkennung der geleisteten (Inszenierungs-)Arbeit erfolgt i. d. R. spontan über die erfahrene Aufmerksamkeit des Publikums/von Passanten sowie durch (nach einer Inszenierung) entstehenden Diskussionen zwischen Zuschauern und Akteuren. Die Wirkungsweise einer Performace Art sowie die hierüber gewonnenen persönlichen Erfahrungen stärken im Besonderen das Selbstbewusstsein und den Selbstwert der Teilnehmerinnen, lässt sie Aufmerksamkeit und Respekt für ihr Engagement und ihren Mut, sich einem Publikum im freien Raum zu präsentieren, erfahren und fördert gleichzeitig kommunikative Kompetenzen wie Sprach-, Diskussions- und Kritikfähigkeit. Kritik und Kommentare -positive wie negative- bilden eine wichtige Reflexionsbasis für die Darsteller.

3.2.4. Relationales Theater als „Theater des Prekären"

Der Kunsthistoriker Nicolas Bourriad prägte den im relationalen Theater verwendeten Begriff der relationalen Ästhetik und entwickelte für seine Terminologie die Definition der „Precarious art". Er betont damit die Transformatik und Unabgeschlossenheit der Bildenden Kunst als eine Affirmation des prekären Status von Kunst bzw. von Kunst als Realität. Unter diesem Begriff versammelt Bourriad Kunstwerke, die durch zwischenmenschliche Interferenzen entstehen, bspw. durch eine „unmögliche" Begegnung am falschen Ort. Katharina Pewny[20] übertrug Bourriads Definitionen in Bereiche des Gegenwartstheaters, indem sie „Prekär" als eine Auseinandersetzung mit dem Schwierigen, Heiklen, Ungesicherten bezeichnet, was sowohl die Zuschauer als auch die Performenden in theatrale Situationen des „Ungesicherten" bringt.

---

[20] Pewny, Prof. Dr. Katharina: Theater-, Tanz und Performancetheoretikerin. In ihrer Forschung analysiert sie zeitgenössische Theaterarbeiten nach ihren ästhetischen Verfahrensweisen.

Diese interaktiven Begegnungen bestimmen das Verhältnis von Akteuren und Publikum, denn „die Organisation des Verhältnisses der Zuschauer zu den Performenden (ist) eine Performanz des Prekären" *(vgl. Pewny 2011, S.250)*. Als besondere Qualität vermag das Prekäre Phänomene, die auf unterschiedlichen Ebenen des Denkens und Seins liegen, zu bündeln.

Prekäres Theater beinhält:

- Theaterwissenschaftlich den Terminus für Analysen und Auseinandersetzungen von ästhetischen Formen und Verfahrensweisen, die das Schwierige, Heikle, Ungesicherte zum Thema haben
- Eröffnet soziale, ethische und politische Kontexte des Gegenwartstheaters
- Erfasst Zusammenhänge zwischen Ästhetik und gesellschaftlichen Strukturen. Teilweise bezeichnet als Schwellenbereich zwischen Kunst, Politik, performativer Ästhetik und Performance-Kunst[21]   *(vgl. ebd., S. 13, 14)*.

Entscheidend für Prekäres Theater ist die „ungesicherte" Verbindung zwischen Theater und anderen Realitäten, dem Spiel mit den Unterschieden zwischen gezeigter und imagi-

---

[21] Bspw.: Schlingensiefs, Christoph: „Bitte liebt Österreich - erste österreichische Koalitionswoche" (2000). Die „prekäre Verklammerung" der Affirmation von Rassismus und Destruktion der Freiheit löste in Österreich große Diskussion darüber aus, welches Selbstbild die Gesellschaft selbst performt, wenn sie als prekär inszeniert wird.
Schößler, Prof. Dr. Franziska: inszeniert seit Jahren unter dem Motto „Wahlverwandtschaften" div. sozial-politische Theateraktionen wie „reiche Lumpensammler"; „Kaufrausch"; Natur+geistvolle Gespräche"

nierten Szenen, der Differenz zwischen Visuellem und Akustischem (Verhältnis von Sprache und Bühne), der Disposition des szenischen Raumes und dem Geschehen auf der Bühne und im Zuschauerraum; damit bietet es Möglichkeiten szenischer Simultaneität *(vgl. Birkenhauer, S.250-252 in: Tigges 2008).*

Jüngere Aufführungsbeispiele für Relationales Theaterspiel finden sich u. a. bei Tigges und Pewny unter *„Parallelwelten. Choreographie zwischen Körper, Text und inneren Bildern"*. In den beschriebenen Inszenierungen[22] verlieren sich Schauspieler, Tänzer und Zuschauer in virtuellen Rauminstallationen. Für den Betrachter gewohnte Konventionen werden über Verflechtungen, Durchdringungen und sinnliche Verstrickungen in unkonventionelle, bis zur Unkenntlichkeit übersteigerte irreale Handlungsabläufe und Choreographien umgewandelt, Text, Körper und Raum durch Parallelschaltungen verschiedener Ebenen ins Irreale dekonstruiert, gleichzeitig aber als Real existent -da real wahrnehmbar- vom Zuschauer empfunden *(vgl. Tigges, Plewny 2010, S.244-256).* Diese bewusst inszenierten *„Entfremdungen"* gewohnter Sichtweisen und Sinneswahrnehmungen versetzen den Zuschauer in prekäre Extremsituationen, die bisweilen nur schwer zu ertragen sind.

Einen wesentlich konformistischeren Weg geht Tino Sehgal in seinen Prekären Inszenierungen. So konfrontiert er in sei-

---

[22] „Das Lewskow-Manuskript": Hörspiel von Wittekindt, Mathias (2004) in einer Inszenierung von Stiefermann, Martin als choreografische Tanz-Hörspiel-Trilogie (2004-2007).
Die De- und Rekonstruktion der Stimme als Körper (=Inszenierungsraum) in „Heterotopia" von Forsythe, William (2006).

ner Performance *„Diese Beschäftigung"*[23] die Besucher eines Museums mit Museumsführern, die normalerweise als Obdachlose auf der Straße leben und hiervon körperlich gezeichnet sind. Während ihrer Rolle als Museumsführer befinden sie sich in einem für sie ungewohnten Angestelltenverhältnis, erklären den Besuchern aus eigener Empfindung heraus -ohne fachliches Wissen zu besitzen- bei freundlicher Nachfrage diverse Kunstobjekte, befinden sich also in einer Rolle mit erheblichen Unsicherheitsfaktoren. Der unbedarfte Besucher wiederum betritt das Museum mit einer inneren Erwartungshaltung, erfährt Irritationen durch die Konfrontation mit den „ungeschulten" Aufsehern (=Performer). Bis er die Situation durchschaut, sich selbst als Teil der Performance begreift, vergeht einige Zeit. Die Begegnung mit dem Ungesicherten scheitert letztendlich, da sich das Ungesicherte selbst verflüchtigt, indem es in Institutionen gebracht und somit gesichert wird. Dennoch ist die Begegnung mit dem Ungesicherten, zwischen der Realität des Raumes und anderen Realitäten (Erwartungshaltungen, Lebenslagen) durch die Interaktion zwischen Darstellern und Zuschauern als prekär zu benennen, wobei es Tino Sehgal vornehmlich um die Reflektion gesellschaftlicher Probleme geht. Dennoch verdeutlichen alle Beispiele, wie gesellschaftliche Diskussionen um das Prekäre und lebensweltliche Veränderungen zum Prekären im Gegenwartstheater mit Kontexten zur Bildenden Kunst ihre Daseinsberechtigung haben.

---

[23] Timo Sehgal: „Die Beschäftigung"; Inszenierung in der Hamburger Kunsthalle mit Hinz&Kunzt-Verkäufern von Nov. 2005 bis März 2006. Einzelne Ausstellungsräume dienten hierbei gleichermaßen als Kunst- und Performanceräume.

Das relationale Theater bietet in der theaterpädagogischen Zusammenarbeit mit obdachlosen Frauen eine ideale Plattform für die Darstellung ihrer Lebenssituationen. Dadurch, dass Prekäres Theater mit alltäglichen Situationen agiert, sich mit Realitäten auseinandersetzt und diese entfremdet, können die Projekt-Teilnehmerinnen reichlich aus ihrem eigenen Erfahrungsrepertoire schöpfen und als eigene Ressourcen in die Gestaltung von Inszenierungen mit einbringen. Die Wirklichkeit allerdings ist wesentlich vielgestaltiger und erzeugt damit Unsicherheit, die sich in ihrer grundsätzlichen Lebensgestaltung niederschlägt. Mit dem Prekären, den ungesicherten Lebensverhältnissen und der Auseinandersetzung mit anderen sozialen Schichten und Milieus, wird so eine Kategorie eröffnet, die Ethik auf der (Lebens)Bühne inszeniert.

In der Projekt-Anfangsphase dienen der eigene Lebenskontext als sicherer Ausgangspunkt (innerer Handlungsraum) für ihr eigenes Agieren; sie erleben sich -weil bekannt!- in einem sicheren, geschützten Bereich. (Unmögliche) Begegnungen mit dem Ungesicherten (bspw. öffentlicher Raum als Bühnenort, zuvor gemiedene Einkaufspassagen), erfordert ein Zulassen von Irritationen, Grenzerfahrungen und Überraschungen, verfestigte Wahrnehmungs-, Fühl- und Denkmuster müssen verlassen und neu interpretiert werden. Dieses verlangt ihnen die Auseinandersetzung mit Befindlichkeiten und Realitäten ab, vor denen sie in der Vergangenheit die Flucht ergriffen. Hierdurch erlernen sie, mit Konflikten und Konfrontationen umzugehen; zum anderen erfahren sie eine völlig neue Wertschätzung ihrer Person, da sie ihre problembehafteten Lebenslagen unter einem anderen Blickwinkel betrach-

ten können, ihnen Aufmerksamkeit und Respekt entgegenge-
bracht werden.

Durch die Beschäftigung mit Wirklichkeiten und sozialem
Handeln entsteht deskriptives, dokumentarisches Gegenwartstheater, gespiegelt über Körperhaltung, Mimik, Gestik,
sprachliche Ausdrucksweise etc. - sowohl bei den Akteuren
als auch bei Zuschauern. Der menschliche Körper wird in
seiner Analyse zugleich als „Text und Leib" verstanden, in
dem sich Formen des Ungesicherten ablesen lassen *(vgl.
Pewny, S. 298)*, gleichzeitig aber auch die Wandelbarkeit ein-
gefahrener Strukturen von Denk- und Verhaltensmustern
durch die ästhetisch-künstlerische Auseinandersetzung eine
neue Wertigkeit erhalten.

Alle Teilnehmerinnen werden gleichermaßen aufgefordert, ihrem *„produktiven Eigensinn"* Raum zu geben. Die Arbeit verlangt eine große Nähe zu den Darstellerinnen, ohne ihnen
jedoch feste Rollen entsprechend ihrer Lebenssituation zu-
zuschreiben: diese sind weder zu leugnen noch zu glorifizie-
ren. Die momentane prekäre Lebenssituation Obdachloser
Frauen bedeutet nicht, dass sie deshalb automatisch in einem Theaterstück zu reduzieren sind auf Rollenzuweisungen
von Prostituierten oder Putzfrauen, von „gesellschaftlichen
Versagern", Pennern oder Alkoholikerinnen, die bisweilen an
Realitätsverlusten leiden! Während der gesamten Ent-
wicklungs-, Arbeits- und Aufführungsphase werden die Erfahrungen der Darstellerinnen deshalb gespiegelt und in einen
größeren Kontext gesetzt. Dadurch bleiben die Themenstel-
lungen nicht ausschließlich am Phänomen *„prekäre Lebenslage"* haften. Symbolisch betrachtet bewegen sich die Akteure dennoch permanent auf „glatten, unsicherem Eis", was sie
aufgefordert, wachsam, spontan, selbstverantwortlich und

kooperativ zu agieren, Dinge aus ungewohnten Sichtweisen zu betrachten und während des Spiels bestehende Ordnungen und Gewohnheiten zu durchbrechen. Diese eingeforderte Arbeitshaltung fordert alle Beteiligten zum Verlassen bekannter Bedeutungs- und Darstellungseinheiten auf, lassen bei jedem Teilnehmer im Ergebnis etwas anderes entstehen. Dieses Andere/ Fremde entzieht sich einer vorgegebenen theatralen Eindeutigkeit zugunsten einer Viel- und Mehrschichtigkeit bis hin zum völligen ursprünglichem Sinnentzug. Dem Zuschauer werden hierüber an Ende einer Aufführung zahlreiche Interpretations- und Diskussionsmöglichkeiten mit verschiedenen Einsichten vorgeführt, wobei der Ausgangspunkt für alle Beteiligten stets der Gleiche ist.

3.3. Beispiele realisierter Theater-Projekte für und mit Obdachlosen Menschen

3.3.1. KBB - Kölner Berber Bühne

„Bretter, die die Welt bedeuten" müssen nicht unbedingt aus einer Parkbank bestehen. „Jeder Mensch hat kreative künstlerische Möglichkeiten - Jeder Mensch hat eine Geschichte zu erzählen!" Wer hat Lust und Interesse, einmal auf der Bühne zu stehen und mit uns gemeinsam ein Programm oder Theaterstück zu entwickeln?"

(zitiert nach: Münzner, Berberbühne 1997, o. S.).

Mit diesem Text eines Flugblattes, der an verschiedenen Treffpunkten der „Berberszene" in Köln auslag, lud die Regisseurin Inge Münzner Obdachlose zu einem ersten Treffen in ihr Theater Anfang 1997 ein. Ihr Ziel war es, Obdachlose auf die Bühne zu bekommen, sie ins Rampenlicht zu stellen, Applaus und Wertschätzung erfahren zu lassen und ihnen Spaß am Theaterspielen zu vermitteln. Im März 1997 hatte sich eine Gruppe zusammengefunden und die KBB, *„Kölner Berber Bühne"* gründete sich. Bereits im Dezember fand die erste Premiere der KBB mit *„SZENEN aus der TIEFE"* statt. Ein Abend mit eigenen Texten und Teilen aus Maxim Gorkis *„NACHTASYL".*

„Mit Obdachlosen Theater spielen heißt auch mit einer immer wieder neu zusammengesetzten Gruppe zu inszenieren und bedeutet eine große Herausforderung an Improvisation, Flexibilität und Kreativität", so beschreibt die Regisseurin selbst ihre ersten Projekterfahrungen mit der KBB. Und weiter

schildert sie: *„Die Lebensbedingungen auf der Straße bringen Fluktuation mit sich, einige haben schwere Krankheiten
und auch der Tod überschattete den Probenverlauf der verschiedenen Produktionen. Einschneidende Erfahrungen für
die Mitspieler, aber sie machten weiter (…), und vor allem sie
brachten das erste Stück zur Aufführung."* *(vgl. Seeliger 1999;
Interview mit Inge Münzner)*

Vom ersten Treffen mit dabei ist bis heute nur eine Person
geblieben, andere gingen, verstarben, Neue kamen hinzu. Alle wollen weitermachen, solange es ihre Gesundheit und Lebenslage zulässt. Obwohl jede Rolle entsprechend den individuellen Charakteren erarbeitet wird, sind persönliche
Grenzen oft schon beim Erlernen eines Textes erreicht, manche fallen krankheitsbedingt für einen längeren Zeitraum
aus, Umbesetzungen und individuelle Szenenarbeit sind dadurch permanent erforderlich.

Inge Münzner möchte mit ihrer Arbeit nicht die Einzelschick-
sale der Obdachlosen verkörpern, sondern den Akteuren die
Sprache des Theaters als künstlerischen Ausdruck vermitteln. Als Motivation für die Ensemblemitglieder beschreibt
sie ihre Erfahrungen, auf diese Weise öffentlich wahr genommen zu werden und Akzeptanz für ihre eigene Person
und ihre Lebensform zu finden, wobei sie in ihren Inszenierungen und beim Theaterspiel(en) den Obdachlosen Leistungen abverlangt, die ihnen in der Regel von der Öffentlichkeit
abgesprochen werden wie: Durchhaltevermögen, Regelein-
haltung, Selbstkontrolle, Verantwortungsübernahme für sich
selbst und die Gruppe und während der Proben auf den Konsum von Alkohol und andere Drogen zu verzichten. Nur unter
diesen Voraussetzungen ist es ihr möglich, eine Produktion
„auf die Bühne" zu bringen.

„Durch die Bühne, auf die sich die Berber begeben, können sie in einen direkten Kontakt mit der Öffentlichkeit treten. Sie haben die Gelegenheit, Fremd- und Selbstzuschreibungen und die soziale Isolation, die damit einhergeht, aufzubrechen und mit veränderten Inhalten zu füllen." (vgl. Freisberg 2000, o. S.; Interview mit Inge Münzner)

Das Anliegen der Regisseurin ist es, die Stärken des Einzelnen herauszuarbeiten, diese zu einem Stück zusammenzufügen und in Aufführungen (erfolgreich) zu präsentieren. Seit der ersten Inszenierung mit Obdachlosen arbeitet sie mit dem Ensemble nach dem Motto: *„Man soll den Menschen respektieren, nicht bemitleiden, nicht durch Mitleid erniedrigen soll man ihn, sondern respektieren..." (Textzitat aus: M. Gorki).*

Die Obdachlosen selber beschreiben die Bedeutung des Theaterspielens für sie selbst wie folgt: Wahrnehmen ihrer Person; Festigung der Lebenssituation (eigene Wohnung); Eröffnen von neuen Perspektiven, trotz blockierter Lebenspläne; Stärkung der Sprach- und Basiskompetenz für eine Ein- und Wiedereingliederung ins Leben; Erlernen von Teamfähigkeit, Zuverlässigkeit, Verbindlichkeit und Stärkung des Selbstwertgefühls.

Beispielhaft sollen an dieser Stelle einige Kommentare repräsentativ genannt werden, die die subjektiven Wahrnehmungen der Akteure aufzeigen, und ihre Begeisterung/ Leidenschaft für ihre Theaterarbeit widerspiegeln:

„War schon anstrengend und manchmal auch nervig und stressig, aber auch unglaublich wertvoll- und ich würd`s immer wieder machen! "Wir sind ein Kreis", die Zusammen-

arbeit und der Zusammenhalt aller - das ist es, was diesen Kreis rund macht." (Rhonda Schmitt, 50 Jahre, Köln, ehem. Obdachlos, Mitbegründerin des Ensembles. Sie wünscht sich, dass bei jeder Aufführung zumindest einer im Publikum ist, der durch das Stück ins Nachdenken gerät und „sich n Kopf drüber macht").

„Es war eine aufregende, aufreibende Arbeit in der KBB-manchmal nervig. Aber mit einem wunderbaren Stück am Ende, das ohne Hürden, die wir uns selbst aufgebaut hatten, aber auch nicht das geworden wäre, was es nun mal wurde. Vielleicht hätten wir die Impro mit einbauen sollen, weil sie zeigte, dass Einsamkeit und Angst so vieles aus Menschen machen kann - eben auch den Nazis an sich." (Andrè, Köln, zwischenzeitlich an den Folgen seines „Berber-Lebens" verstorben).

„Das Stück „Wir sind das Volk" war eine sehr anstrengende, aber auch erfolgreiche Arbeit. Ich bin stolz darauf, dass ich gerade so geschafft habe, psychisch durchzuhalten. Ich bin stolz auf die Anderen Arbeiter/innen der KBB, dass sie mich nicht ausstießen, als ich vor Anstrengung ausflippte." (Mazi Maus, Köln, ehemals Obdachloser).

„Durch das Arbeiten mit den Menschen aus der Berber-Bühne ist meine Toleranz ein großes Stück gewachsen und ich habe durch diese Menschen Zuneigung und Wärme erfahren, wie nie… wie ich das nie für möglich gehalten habe." (Alfred, Köln, mit über 70 Jahren ältestes Mitglied im Ensemble, arbeitete ursprünglich in einer Travestie-Show).

(alle Kommentare zu „WIR SIND DAS VOLK" - unter: www.kölner-berber-bühne.de)

Unter fachkundiger Anleitung und durch gemeinsame Arbeitsprozesse erweitern die Akteure ihre sozialen Kompetenzen. Durch die Möglichkeit, sich mitzuteilen und ihre Arbeit in Theatervorstellungen einer breiteren Öffentlichkeit vorzustellen, erfahren sie einen starken Motivationsschub, Anerkennung und Respekt. Die Regisseurin definiert dabei den Faktor Kreativität als eine der Hauptstützen für sozialen und persönlichen Erfolg im Leben, da jeder Mensch grundsätzlich ein natürliches Bedürfnis nach Kultur hat und ein Recht auf Teilhabe an Kultur besitzt. Da kreative Möglichkeiten nicht zufällig entstehen, sondern auf Erfahrung, gelernten Informationen und der Fähigkeit, Probleme zu erkennen, basieren, bietet das Theater für Inge Münzner eine beispielhafte Möglichkeit, ganz unterschiedliche Menschen zusammenzubringen, um in gegenseitiger Achtung und Akzeptanz Themen unserer Zeit in eine künstlerische Form zu bringen. Die KBB realisierte -neben vielen Kleinaktionen- gleich zu Beginn drei große Inszenierungen:

- "SZENEN aus der TIEFE" - Dezember 1997. Ein Abend mit eigenen Texten und Teilen aus Maxim Gorkis „NACHT-ASYL"
- "FAST EIN PROLET" - Juni 1999. Nach Peter Greiner. Ein Stück, bei dem die Problematik der Außenseiter mit einigem Witz und viel Musik im Vordergrund stand.
- "WIR SIND DAS VOLK" - Juni 2002. Nach der literarischen Vorlage „Ich bin das Volk" von Franz Xaver Kroetz. Die Szenenfolgen behandeln Rechtsradikalismus, Ausländerfeindlichkeit und die Aus- und Eingrenzungen in den (individuellen und gesellschaftlichen) Köpfen.

Seit Juni 2002 tritt die KBB mit unterschiedlichen Programmen und gemischten Intensionen auf. Über die Anfänge der KBB und die erste Produktion sendete das ZDF 1998 einen

Dokumentarfilm mit dem Titel: „Die Sechs vom Nachtasyl". Aus dem KBB-Projekt entwickelte sich 2008 durch den Zusammenschluss mit Walter Bleeker (Oldenburg) und Mitgliedern unterschiedlicher Theatergruppen aus Köln, Oldenburg und Umgebung eine neue Formation: die *RANDBLÜTEN*. Beginnend mit 14 Darsteller/innen im Alter zwischen 12 und 79 Jahren soll ein Spannungsbogen zwischen jung und alt, den unterschiedlichsten Lebensentwürfen von teilweise ehemals Obdachlosen, Menschen mit Einschränkungen und unterschiedlichen Stärken und Schwächen der Einzelnen geschlagen werden. Unter dem Themenkomplex voneinander lernen, miteinander „spielen" und experimentieren, Spaß haben, Berührungsängste zum jeweils „Fremden" abbauen, wurde gemeinsam der Versuch gestartet, über Erfahrungsaustausch und Theaterkooperation die Grenzen zwischen „normal" und „nicht normal" aufzuheben mit dem Ziel, Theater für Zuschauer und Darsteller gleichermaßen „lustvoll" zu gestalten.

Zur Person:

Münzner, Inge Dipl. Soz. Päd.; Regisseurin, Schauspielerin, Künstlerische Leiterin/ Ausbildungsleiterin des TPZ (Theaterpädagogisches Zentrum Köln), Leiterin KBB-Kölner Berber Bühne, Regisseurin verschiedener künstlerischer Projekte. Verantwortlich für die Theaterpädagogische Arbeit der Teilnehmer/innen aus den Gruppen „KBB Kölner Berberbühne" und „Alte Kerle"; Dramaturgie und Gesamtregie bei „Randblüten" für das Stück „Bezahlt wird nicht".
Kontakt:
KBB „Kölner Berber Bühne", Holbeinstraße 63, 50733 Köln unter: inge-muenzner@kölner-berber-bühne.de

3.3.2. Ratten 07 - Berlin
Vorsicht, bissig! - weiter auf eigene Gefahr!

1992 inszenierte Jeremy Weller (Großbritannien) an der Volksbühne Berlin das "Pest-Projekt". Hierfür engagierte er - neben professionellen Schauspieler/innen- als Laiendarsteller Berliner Obdachlose. Die Produktion endete im Dez. 1992 mit einem Gastspiel beim *„Fringe-Festival"* in Edinburgh, eine Fortsetzung war nicht geplant. Da die beteiligten Obdachlosen über das Projekt neben ihrer „Spielfreude" am Theater, vor allem seit langem erstmalig wieder die Würdigung ihrer Person, Toleranz und Gemeinschaft erfahren hatten und dieses nicht wieder verlieren wollten, beschlossen sie kurzerhand, die begonnene Theaterarbeit als erstes Berliner Obdachlosentheater als freie Gruppe unter dem Namen *„Ratten-07"* fortzusetzen.

Unterstützung zur Sicherung ihres „Theaterbetriebes" erhielten sie von der Volksbühne Berlin, deren Schauspielern und Mitarbeitern. Diese hatten die Mitglieder der neuen Gruppe in ihrer Arbeit und privat kennen und schätzen gelernt und engagierten sich vor allem im Lobbybereich und der Spendenorganisation für das neue Projekt u. a. aus der Erkenntnis heraus, dass der Weg vom eigenen bürgerlich-gesicherten Alltag in die Obdach- oder Arbeitslosigkeit beunruhigend kurz sein kann.

Noch in 1992 gründete sich der Verein „Freunde der Ratten e. V.", der bis heute den Fortbestand der „Ratten 07" sichert und ihre Arbeit auf vielfältige Weise begleitet und unterstützt. Darüber hinaus versucht der Verein, die einzelnen Ensemblemitglieder über geförderte Arbeitsmarktmaßnahmen (ABM und MAE) an einem geregelten und strukturierten Tagesablauf heranzuführen. Die Vereinsräumlichkeiten wurden zwischenzeitlich erweitert und mit Sozialarbeitern besetzt, die als „Anlaufstelle" zu Fragen und Problemen des Alltags am sozialen Rand der Gesellschaft unterstützend Hilfe leisten, den (begleitenden) Kontakt zu Behörden und sozial psychiatrischen Diensten herstellen sowie juristische Unterstützung leisten und „Nachbarschaftshilfe" vermitteln. Eingetragen nach den Regeln des Vereinsrechts, werden des Weiteren regelmäßig Fördergelder div. Kulturstiftungen und des Senates Berlin für ihren Fortbestand bewilligt, weitere Finanzzuschüsse erhalten „die Ratten" von Sponsoren und über Spenden der Veranstaltungsbesucher.

1995 lernte der Schauspieler und Regisseur Gunter Seidler über ein Symposion zum Thema *„Soziales Lernen und ästhetische Erfahrung"* der Alice-Salomon-FH-Erfurt (FH für Bildende Künste) die *„Ratten-07"* kennen, die zu dieser Veranstaltung als besonders herausragendes Beispiel eingeladen waren. Seit dem leitet er bis heute ehrenamtlich die Theatergruppe, kümmert sich um alle geschäftlichen Vereinsangelegenheiten, verhandelt mit Behörden, organisiert Requisiten und Auftrittsmöglichkeiten. Für seine Arbeit und sein Engagement im Verein und dem Ratten 07-Theater erhielt Gunter Seidler 2011 das Bundesverdienstkreuz.

Aus persönlichem Interesse heraus vermeidet es die Theatergruppe seit Anbeginn strikt, mit einem Mitbeid-Bonus hausieren zu gehen; zu diesem Konzept gehört es auch, statt Eintrittsgelder nur Spenden entgegen zu nehmen. Ihrer Überzeugung nach sind Kunst, Kultur und das Theater ein Allgemeingut und Grundrecht jedes Menschen. Dabei ist es ihnen wichtig, Theaterspielen für jeden zugänglich auf einer nicht-kommerziellen bzw. selbstkostentragenden Basis zu ermöglichen, um so ein möglichst breites Publikum zu erreichen, speziell die materiell nicht gut gestellten Menschen. Alle Beteiligten spielen ohne Gagen. In ihren Inszenierungen versuchen sie, Interesse für ihr Alltagsleben, ihre konkreten Erfahrungen, Empfindungen und Wünsche für die Zukunft auf sozialkritische Weise und mit Humor darzustellen, um so zum Nachdenken und zu Diskussionen anzuregen. Sie selbst betrachten sich inzwischen *„als Künstler/innen, die auf dem Felde der Ästhetik tätig sind - und wollen auch so erkannt und anerkannt werden."[24]*

Ihre Erfahrungen mit dem Theater beschreiben die „Ratten 07" wie folgt:

„Die Arbeit in der Theater Gruppe gibt den einzelnen Sicherheit und Selbstbewusstsein. Durch diese positive Erfahrung haben die Darsteller ihren Stolz und ihr Selbstwertgefühl wieder gewonnen. Einige von ihnen haben durch die kontinuierliche Arbeit ihre Suchterkrankungen überwunden und sind heute "trocken" oder/und gehen einer geregelten Arbeit nach."

(Originaltext unter: www.ratten.nullsieben@berlin.de)

Bis zum Jahre 2002 arbeiteten beide Vereine noch unter dem Dach der Volksbühne. Danach verließen die „RATTEN" das „schützende" Haus, um als autonome Theatergruppe selbständig weiter zu machen. Nach ihrem Modell entstanden ständig zwischenzeitlich an unterschiedlichen Orten Europas

---

[24] Prof. Dr. Koch, Gerd (HFK-Berlin; Alice-Salomon-FH-Erfurt): Textauszug aus seiner Laudatio „Die Ratten bekommen einen Orden!" anlässlich der Verleihung des Bundesverdienstkreuzes für Gunter Seidler am 05.03.2011. (Textveröffentlichung unter: www.spielart-berlin.de)

in Kooperationen mit Obdachloseninitiativen und Theater-
häusern diverse „Ratten"-Projekte.

Die Berliner „RATTEN 07" erweiterten kontinuierlich ihr Kul-
turprogramm: mittlerweile wurden über 50 Produktionen, verschiedene Lesungen, teils eigener Gedichte und Texte, fünf
Fotoausstellungen sowie zahlreiche Gastspiele -auf Einla-
dung und bei Kostenübernahme durch die Veranstalter- an
Theatern und auf Festivals in ganz Europa in Eigenregie organisiert und inszeniert u. a.:

• Deutschland: Schauspielhaus Hamburg, Staatsschauspiel
  Dresden, Hof, Karlsruhe, Stuttgart, Mainz, Köln, Bremen
• Ausland: Prag und Olmütz/ Tschechien, Graz/ Österreich,
  Paris und Lyon/ Frankreich
• Internationale Theaterfestivals: Parma/ Italien, Internati-
  onales Theaterfestival in Meiningen; „Open Ohr-Festival"
  in Mainz und dem Festival "Impulse", das in den fünf
  NRW- Städten Bonn, Bochum, Mülheim, Hagen und Düs-
  seldorf stattfand und die "acht besten Off-Inszenierungen
  des gesamten deutschsprachigen Raumes" präsentieren.

1995 wurde das Obdachlosentheater RATTEN 07 von der
Akademie der Künste mit dem Kunstpreis für Darstellende
Kunst der Stadt Berlin ausgezeichnet. Neben ihrer Tätigkeit
im Kultur und Theaterbereich engagieren sich Verein und das
Ensemble gleichermaßen in weiteren Projekten und schafften
hierüber u. a. Wohnraum und Beschäftigungsmöglichkeiten
für ihre Mitglieder. Die nachfolgenden Beispiele aus der Ver-
einsbiographie seien hierfür exemplarisch genannt:

• 1994 halfen die RATTEN, mit der "HAZ", eine der ersten
  Obdachlosenzeitungen Berlins zu gründen, für die sie

auch schrieben und die ihnen als Forum über die Theaterarbeit hinaus diente. Davon angeregt nahm der Heraus-
geber der franz. Obdachlosenzeitung *"Le Reverbere"*, Ge-
orge Mathis, Kontakt zu den RATTEN auf. Auf seine Ein-
ladung hin spielten die RATTEN in Paris eine Beckett-
Adaption.

• In Paris wurde daraufhin nach dem Vorbild der RATTEN
ein ähnliches Projekt gegründet. Ebenso in Finnland,
nachdem die Arbeit des Berliner Obdachlosentheaters
beim Internationalen Theatertreffen in Tampere vorge-
stellt wurde. Auch die KBB (siehe vor) entstand 1997
nach dem Vorbild der RATTEN 07.

• Die Premiere der 14. Inszenierung "Der Brotladen" von
Bertolt Brecht (Regie: Gunter Seidler) fand am 10. Januar
1998 im 3. Stock der Volksbühne statt; es folgten spontan
Einladungen zu Gastspielen in zehn deutschen Städten,
u. a. zum Theaterfest auf dem Marlene-Dietrich-Platz, ins
Schauspielhaus Hamburg, ins Junge Theater Bremen und
in den Bremer Schlachthof, ins Staatsschauspielhaus
Dresden. Die Inszenierung "Der Brotladen" wurde insgesamt 33-mal mit großem Erfolg gespielt.

• Am 3. Juni 2000 war Premiere der 19. Inszenierung: *"Die
Sünde, die man nicht beim Namen nennen darf"* von Ri-
cardo Bartis. Sie wurde nicht wie bisher in den Räumlich-
keiten der Berliner Volksbühne gezeigt, die Ratten verließen das Theater als Spielort - und damit den Rahmen, der
für das Obdachlosentheater immer auch ein Stück Sicherheit bedeutet hatte, im Positiven wie im Negativen.

• RATTEN 07 suchen wieder stärker die Konfrontation mit
dem Außen - im S-Bahn-Bogen 91 in der Nähe des Ale-
xanderplatzes, unter den Gleisen, neben fein renovierten

Cafés und noch nicht geschlossenen Trödelläden, fanden sie einen geeigneten Spielort. Die Inszenierung *"Die Sünde, die man nicht beim Namen nennen darf"* und der hierzu ausgewählte Spielort brachten einen großen Erfolg für die Darsteller und das Team.

• Seit Februar 2002 hat das Theater einen neuen künstlerischen Leiter, Stephan Müller. Seine erste Inszenierung mit den Ratten nach Ödön von Horváth ist *"Kasimir und Karoline"*, Premiere war am 30.05.2002 in der Tiefgarage der ehemaligen Fahrbereitschaft des Zentralkomitees, Straßburger Str. 6-9 in unmittelbarer Nähe zur Volksbühne. Die Ratten inszenierten selbst ein Stück, geschrieben von der Ratten - Darstellerin Jana Janeckova, auf eigenen Erfahrungen beruhend, *"Rebell und das Böse"* unter der Regie von Lenin, auch einer altgedienten Ratte. Premiere war am 30.11.2002. *(vgl. www.ratten07.de, o. S.)*

Aktuelle Aufführung: *„BIBERPELZEN"* freisinnig nach Gerhart Hauptmann, Berlin Mitte im „ACUD". Zum Gerhart-Hauptmann-Gedächtnisjahr-2012 inszenierten die *„Ratten-07"* einmal mehr hochkarätiges politisches Theater. Rasant gespielt, schräg, nicht eindeutig, eine Karikatur auf das, was brüchig ist oder gebrochen werden muss im politischen Getümmel - ein Spagat vom Ende des 19.Jh. in die Jetztzeit Berlins und seiner Umgebung! *(vgl. Koch, o. S.)*. Parallel wurden am 15.11.2012 eine „öffentliche Probe & Rattengeschichten" angeboten.

Kontakt:

Freunde der Ratten e.V.

und Theater RATTEN 07

Revaler Str. 99, 10245 Berlin

www.ratten.nullsieben@berlin.de

3.4. Leitfadenentwicklung als ein mögliches Handlungsfeld

3.4.1. Projekt-Konzeptionierung für obdachlose Frauen

Vorab die gute Nachricht: ja es funktioniert! Theaterpädagogische (Zusammen)Arbeit mit und für Obdachlose (Frauen)!
Bundesweit sprießen progressive (Theater)Projekte im Kontext einer am Gemeinwesen orientierten Sozialen Arbeit, Veranstaltungen zu Kunst, Kultur und Kreativität wie Pilze aus
dem Boden. Die positiven Projektergebnisse - am Beispiel
der „KBB-Köln" und der „Ratten 07-Berlin" aufgezeigt - do-
kumentieren, wie erfolgreich die Zusammenarbeit mit Träger-
schaften der Wohnungslosenhilfe, eine Vereinsetablierung
und die konsequente Arbeit mit Betroffenen unter der Prämisse der Toleranz, Empathie, Mitbeteiligung und Mitverant-
wortung sein kann. Sie rechtfertigen es, Obdachlose -trotz
gescheiterter Lebensbiographie, ihrer „Lebenskrisen" und in
ihrer Perspektivlosigkeit- mit Würde und Respekt entgegen
zu treten, sie in ihren Empfindlichkeiten ernst zu nehmen, ihre Potentiale und Ressourcen zu würdigen und sie in den
Mittelpunkt nicht nur der Theaterpädagogischen Arbeit zu
stellen, ohne im reinen Verwaltungshandeln und einer Defizi-
tärpädagogik unter zu gehen.

Nun die schlechten Nachrichten: In einer Gesellschaft, die
auf individuellen Erfolg, Überfluss-Konsum, Konkurrenz und
wirtschaftlichem Wachstum ausgerichtet ist, wird es zunehmend schwieriger, Fördermittel für eine „Non Profit" ausgerichtete Arbeit, für Kreativprojekte, kulturelle Bildungsarbeit

oder der Förderung gescheiterter Existenzen bedarfsgerecht bewilligt zu bekommen. Stiftungen rühmen sich zwar gerne mit ihren Investitionen in Kunst und Kultur, beteiligen sich aber ungern an Projekten, die aufgrund personeller, „risikobehafteter" Konstellationen (wie in der Obdachlosenarbeit!) ihrer Beurteilung nach vermutlich nicht realisierbar sind.

Die Partizipation mit Obdachlosen ist die Kunst der kleinen Schritte! Sie erfordert - neben einer permanenten Reflexion der eigenen Haltung und des eigenen Handelns - die Balancefindung zwischen hoher Disziplin und akzeptierender Gelassenheit, erwartet demokratisches Mitsprache- und Mitgestaltungsrecht von Menschen, die Gleichberechtigung, die Würdigung ihrer Bedürfnisse und Stimme (im doppelten Sinne!), Aufmerksamkeit und Respekt über einen langen Zeitraum nicht mehr- oder noch nie erfahren haben. Kreatives Handeln, das Einhalten von Regeln, Raum- und Zeitvorgaben, das Vertrauen auf dritte Personen…; alles arbeitsrelevante Vorgaben, die einen Menschen in Wohnungsnot aber schnell überfordern können und zu unüberwindbaren Hindernissen hochstilisiert werden. Zur Vermeidung eines weiteren Scheiterns ist deshalb von einer Theaterpädagogischen Leitung ein besonders aufmerksames und sensibles Vorgehen innerhalb der Gruppenkonstellation bei ständiger Fokussierung auf die Einzelperson Grundlage jeder Arbeitseinheit; die besonderen Empfindlichkeiten (siehe Kapitel 2.) bei der Arbeit mit Frauen sind zu würdigen.

Das Engagement innerhalb eines Projektes unter der besonderen Prämisse, über Bildungsarbeit obdachlosen Frauen ihre Widereingliederung in gesellschaftliche Strukturen zu ermöglichen und dauerhaft ein „Bleiben" im eigenen Wohnraum zu sichern, erfordert die Bereitschaft, sich weit über das

„normale" arbeitsrelevante Handeln einzubringen. Jede/r Mitarbeiter - ob ehrenamtlich oder angestellt -, sollte sich im Vorfeld darüber bewusst sein, dass über einen zeitlich festgesetzten Rahmen ein Großteil der privaten freien Zeit in die Realisierung des Projektes investiert werden muss und dies u. U. zu Belastungen innerhalb eigener, familiäre Bindungen/ Beziehungen führen kann. Diese Tatsache bedingt, dass bei einer konzeptionellen Projekt-Planung ein nicht unerheblicher Risikofaktor durch „Abspringen" von Mitarbeitern und Teilnehmern gleichermaßen existent ist.

Verfolgt man das Ziel, Theaterpädagogische Projekte in Kooperation mit Sozialer Arbeit für und mit Obdachlosen dauerhaft im sozial-politischen Sektor als feste Einrichtung zu etablieren, statt es bei einer Eintagsfliege zu belassen, bedarf dies einer respektablen Größe und professioneller Planung. Aufgrund zu erwartender, multipler Problemlagen und speziellem Versorgungsbedarf bei der Zielgruppe, des enormen Arbeitsaufwandes im organisatorischen Bereich und des nicht zu unterschätzenden finanziellen Bedarfes, ist es uneffektiv, eine dauerhafte Projektgröße von vielleicht 5-10 Teilnehmern anzustreben.

Kulturprojekte mit arbeitslosen Menschen belegen eine realistische "Abbrecherquote" von 30% (bspw. Job-Act). Vor allem zu berücksichtigen ist, dass viele projektinteressierte, aber obdachlose Frauen unter Traumatisierungen und/oder Suchtproblematiken leiden und nicht in der Lage sind, einen „8-Stunden-Arbeit-Allstag" durchzustehen. Einzuplanen sind deshalb offen gestaltete Zeitfenster mit zwischenzeitlichen mehrtägigen Erholungsphasen, gerade nach intensiven Workshops oder Aufführungen (Vermeidung einer Überforderung).

Desweiteren empfiehlt es sich als Kontaktstelle einen fest etablierten „Treff" im Innerstädtischen Bereich zu integrieren. Für die Theaterpädagogische Arbeit hingegen haben sich Kooperationen mit anderen Kulturanbietern/ -Häusern über mehrere kleine Angebots- und Arbeitseinheiten an verschiedenen Standorten der Stadt (größere flächendeckende Erreichbarkeit, variable Bühnenraumnutzung) bewährt. Konflikte innerhalb der Gruppe sind weitgehend zu vermeiden, jeder Einzelperson ist genügend Aufmerksamkeit entgegenzubringen (Förderung von Akzeptanz, Motivation etc.). Bei der Projekt-Realisierung sind Vertrauen, Solidarität, Teamgeist und Gruppenverband zu fördern; die Kommunikation und Zusammenarbeit zwischen allen! Beteiligten ist respektvoll, gewaltfrei, partnerschaftlich, empathisch und transparent (bspw. Internet-Plattform, öffentliche Gremiensitzungen etc.) zu gestalten. Für die Maßnahmenteilnehmerinnen (hier: Obdachlose Frauen) gilt es, gewisse „Anreize" zu schaffen, die sich allerdings weniger in einer finanziellen Vergütung, als vielmehr in der Veränderung der Lebenslage und Gestaltung einer positiven Lebensperspektive ausdrücken sollten. Eine kooperative, enge und phasenweise intensive Zusammenarbeit mit Mitarbeitern/innen Sozialer Einrichtungen, des Jobcenter etc. ist von Nöten, zum anderen sind die Bedürfnisse der Frauen nach Anerkennung, Ruhe und Freiwilligkeit als feste Projektelemente zu integrieren. Parallel zur eigentlichen Projektdurchführung sind alternative Finanzierungsmodelle zu entwickeln, denn jedes Projekt lebt durch seine Nachhaltigkeit und schafft auf Dauer Arbeitsplätze - ein sensibles Gespür und Kreativität sind gefragt!

3.4.2. Rahmenbedingungen

Voraussetzung für die Durchführung eines Theaterpädagogischen Projektes mit Obdachlosen (Frauen) ist - neben der Aufstellung eines Finanz- und Zeitmanagementplanes sowie der schriftlichen, inhaltlichen Konzeptfestlegung - eine vorherige klare Definition sämtlicher Kernbereiche. Auszudifferenzieren sind Schnittstellen zwischen Einrichtungen der Sozialen Arbeit, einem bürgerschaftlichen Engagement und theaterpädagogischer Arbeit mit eindeutiger Zielformulierung. Zu den Kernbereichen zählen hierbei vor allem:

- Die Erstellung einer Bedarfsanalyse/ Bestandsaufnahme und deren sachliche Bewertung
- Schaffung einer Akzeptanz für eine Theaterpädagogische Projektdurchführung bei Mitarbeitern/innen, Bürgern, Behörden, Kommunen und den Maßnahmenteilnehmern
- sozialpolitische Netzwerk-Aufgaben mit Unterstützung lokaler- und überregionaler politischer Vertretungen
- Sicherung der Nachhaltigkeit konzeptioneller Entwürfe und deren Realisierung incl. seiner angegliederten Maßnahmen; nachhaltige Organisation der Finanzierung
- Anamnese individueller Hilfebedarfe, Hilfeplanung, Durchführungskonzeption mit Ausarbeitung erreichbarer Zielformulierungen, Kooperation mit Nachbetreuungsangeboten bspw. über betreute Wohnformen
- die individuelle Begleitung und Anleitung von Gruppenprozessen innerhalb der theaterpädagogischen bzw. sozialtherapeutischen Aufgabenbereiche
- kontinuierliche Suche nach strategischen und empathischen Kooperationen
- Presse-, Werbe- und Lobbyarbeit

Die Möglichkeit einer konkreten Zusammenarbeit von Bürgerschaftlichem Engagement, Selbsthilfegruppen und professioneller Wohnungslosenhilfe bietet der § 4 SGB XII. Danach
sollen die Träger der Sozialhilfe für die Durchführung und
Sicherung von arbeitsmarkt-, sozialpolitischen und kulturellen Maßnahmen sich in Arbeitsgemeinschaften -auch unter
eventueller Beteiligung anderer Initiativen- zusammenfinden.
Finanzielle Unterstützungen sind u. a. über europäische Kul-
tur- und Sozialfonds, Bundes- und Landesministerien (Kultur,
Familie, Soziales und Integration), die Kulturstiftung des
Bundes und private Stiftungen der Kulturförderung[25] sowie
über kommunale Förderfonds und private Firmenniederlas-
sungen zu beantragen.

1.) Bildung von Fachgremien/Sachgruppen:

Jede Projektrealisierung ist auf die Mitarbeit vieler angewiesen, will man sich selber auf Dauer nicht überlasten. Dies erfordert vor allem Kompetenzen in den Bereichen Organisation, Management, Akquise, Kommunikation, Teamfähigkeit
Empathie und die selbstkritische Reflektion eigener Handlungsmöglichkeiten sowie die Bereitschaft, Aufgabenbereiche
verantwortungsvoll abzugeben. Vorteilhaft ist deshalb die
Bildung von eigenverantwortlich arbeitenden Gremien und
Fachgruppen, die in regelmäßig einzuplanenden Teamsitzun-
gen ihre Arbeitsbereiche untereinander koordinieren und de-
legieren.

---

[25] Von derzeit insgesamt 10.000 Stiftungen in Deutschland sind ein
Fünftel Kulturstiftungen. Auskunft, Antragsformulare etc. sind über
den DIZK (Deut. Informationszentrum Kulturförderung) erhältlich.

2.) Fachgremium „Projektleitung und Koordination"

Die Projektleitung sollte sinnvollerweise auf drei Personen verteilt sein, welche sowohl in der Sozialen Arbeit, als auch in der Theaterpädagogischen Arbeit tätig sind und über entsprechende Qualifikationen/ Erfahrungen verfügen. Eine Person -mit kaufmännischen Fähigkeiten- sollte schwerpunktmäßig den Bereich Management und Finanzierung verwalten. Gemeinsam mit Vertretern der einzelnen Sachgruppen bilden sie die Leitung des Gremiums, welches die Interessen, Rechte und Pflichten der Mitarbeiter und Maßnahmenteilnehmer in- und extern vertreten, sämtliche anfallenden Aufgaben, die Finanzverwaltung, Projektabläufe, Zeitmanagement etc. koordinieren und Öffentlichkeitsakquise betreiben.

2.1.) Fachgremium „Theaterpädagogische Arbeit"

Dieses Fachgremium ist Teil der Projektleitung. Es erarbeitet den methodischen und didaktischen Rahmenplan und ist für die Projektdurchführungen, Raumbelegungen und Organisation von Arbeitsräumen, Arbeitsmaterial und der (Bühnen) Auftritte, Performanceaktionen im öffentlichen Raum etc., einschließlich der Auswahl von geeigneten, projektrelevanten Theaterpädagogen, freien Künstlern, Regisseuren etc. für Workshops, Seminare, Ausstellungen verantwortlich.

3.) Sachgruppe „Information"

Als zentrale Koordinierungsstelle sind ihr die Netzwerk- und Lobbyarbeit unterstellt. Ferner soll sie - als allgemeine Informationsstelle - die Kommunikation zwischen interessierten Bürger/innen, Vermietern sowie Partnern des Hilfesystems

gewährleisten und Obdachlosen als niederschwelliges Angebot leicht zugänglich sein. Als hierfür geeignet erweist sich
die Anmietung/ kommunale Zurverfügungstellung innerstädtischer, leicht erreichbarer Gewerbeflächen und ihre Umgestaltung bspw. als „Kulturcafe" unter sozialpädagogischer Leitung, mit Öffnungszeiten auch im Abendbereich und Auftrittsmöglichkeiten für „Kleinkunst" und Musiker.

Unabhängig vom eigenen Engagement sind der Kontaktauf-
bau und Pflege mit bereits bestehenden Theaterprojekten,
Ensembles, entsprechenden Initiativen etc. in anderen Städ-
ten/ Nachbarregionen von elementarer Wichtigkeit. Hilfreiche
Tipps -gerade auch im Finanzierungsbereich- Erfahrungswerte, Workshop-Einladungen, Kontaktadressen etc. werden er-
fahrungsgemäß gerne weitergegeben, einige Initiativen sind
auf Bundesebene organisiert.

Bereits vor Beginn der eigentlichen Theaterpädagogischen
Arbeit ist es unabdingbar, sich bestehenden Netzwerken Sozialer Arbeit, bürgerschaftlichem Engagement, und Kulturein-
richtungen anzuschließen, um entsprechende Lobbyarbeit zu
betreiben, eine Vertrauensbasis aufzubauen, Daten/ Informationen auszutauschen und während der Projektphase schnellen Zugriff bei unvorhergesehenen Ereignissen oder durchzu-
führenden Interventionen auf Hilfen zu haben. Kontakte sind
dabei nicht nur im Internet zu finden; Fortbildungsseminare,
Workshops, Berufsverbände, der Besuch von Festivals, das
direkte Ansprechen von Personen aus der Bürgerschaft oder
der Verwaltung, etc. bieten eine Vielzahl kommunikativer
Möglichkeiten, wobei nicht die Anzahl der Kontakte, sondern
ihr Qualitätsstandard und ihre Zielorientiertheit zu beachten
sind. Auch „Netzwerken" besteht aus einem Geben und Nehmen! Besondere Sorgfalt ist auf eine entsprechende Doku-

mentation sowie die regelmäßige Aktualisierung vorhandener Datensätze zu legen; nur so sind eine personenunabhängige Verwaltungsarbeit und Nachhaltigkeit zu gewährleisten.

4.) Sachgruppe „Wohnen und Fallführung"

Diese Sachgruppe fungiert als Schnittstelle zu kommunalen Fachstellen (Jobcenter, Agentur für Arbeit, Wohn-, Sozial-, Jugendamt etc.) und den kooperierenden Partnern.
Sie ist der „Informationsgruppe" zugeordnet und für die Betreuung „vor Ort" der am Projekt teilnehmenden Frauen zuständig. Unter dem Aspekt einer ganzheitlich ausgerichteten und dem individuellen Bedarf angepassten Wiedereingliederung kümmert sich die Sachgruppe vorrangig um die Integration in betreute Wohngruppen bzw. in den „Normalwohnbereich", erstellt individuelle Hilfepläne und führt die Fallführung durch, wobei sie u. a. administrativ die Haushaltsbewirtschaftung sicher stellt, Finanzcontrollings begleitet und die Nachbetreuung organisiert. In enger Zusammenarbeit mit der Theaterpädagogischen Leitung koordiniert sie div. aktivierende und praxisorientierte Maßnahmen zur gesellschaftlichen und arbeitsmarktrelevanten Wiedereingliederung mit dem Ziel der Förderung von Selbsthilfepotentialen und ökonomischer Unabhängigkeit.

5.) Sachgruppe „Finanzen und Lobbyarbeit"

Primäre Aufgabe dieser Gruppe ist es, die dauerhafte finanzielle Sicherung des Projektes zu garantieren, indem sie sich um kulturelle und soziale Projekt-Fördermittel sowie Stiftungsgelder bemüht. Ferner fungiert sie als „Presseabteilung" und ist entsprechend für Werbemaßnahmen und die

Lobbyarbeit zuständig. Diese Sachgruppe erhält zudem den Auftrag, in sinnvoller Weise einen gemeinnützig tätigen Verein mit einem geschäftsführenden Vorstand aufzubauen oder das Projekt in eine Stiftung zu überführen, um die notwendige Nachhaltigkeit und Sicherung einer auf einen längeren Zeitraum angelegten Arbeit zu garantieren und breiten Raum für interessierte Bürger/innen zu schaffen.

6.) Sachgruppe „Ehrenamtliche Bürgerbeteiligung"

Auch wenn ehrenamtlich arbeitende Bürger/innen in der Regel über keine zielgruppenspezifische Qualifikation verfügen, sollte ihr Ressourcenpotential berücksichtigt und eingesetzt werden, da sie -neben ihrer großen Einsatzbereitwilligkeit- vielfältige berufliche Qualifikationen, Kontakte und Lebenserfahrungen mitbringen, die durch professionelle Hilfe allein nicht oder nur unzureichend geleistet werden kann (Brückenfunktion).

Dieser spezifisch fachliche „Erfahrungskontext" lässt sich produktiv u. a. für die Realisierung diverser begleitender Projekte vor allem in werktechnischen Bereichen nutzen. In Abhängigkeit von der jeweiligen Projektidee sind zudem ihre juristischen, organisatorischen, sozialpolitischen und journalistischen, aber auch alltagspraktische, Betriebs-, Vereins- und Freizeitkontakte sehr wertvoll. So lassen sich größere Projekte der Öffentlichkeits- und Organisationsarbeit ohne das zusätzliche Engagement von ehrenamtlich Tätigen nicht realisieren (Kostenfaktor). Die Einbindung von Ehrenamtlichen entlastet die professionelle Soziale Arbeit!

Durch den engeren Kontakt zu Ehrenamtlichen erfahren Wohnungs-/ Obdachlose mehr Akzeptanz, Achtung und Wertschätzung, gesellschaftliche Ausgrenzung wird gemindert, die Betroffenen erleben erwartungsfreiere Sozialkontakte *(vgl. BAG W-Position 2006, S.6)*.

Erfahrungswerte der Wohnungshilfe belegen, dass sich in diesem Bereich engagierten Bürgern/innen in drei Personengruppen mit je eigenem Profil unterscheiden lassen:

- Menschen mit einer (anderen) Professionalität, die ihre Fachkompetenz in die organisierte Wohnungslosenhilfe kostenfrei einbringen (u. a. auch Künstler/innen)
- Menschen ohne spezifische professionelle Kompetenz
- Wohnungslose und ehemals wohnungslose Menschen

Menschen aller drei Gruppen lassen sich mit Gewinn in Arbeitsabläufe integrieren, solange sie die dafür nötige Zeit und Motivation aufbringen und ihrem persönlichen Engagement - als „win to win" Kooperationen - eine Sinnhaftigkeit abgewinnen können.

Bei der Zusammenarbeit mit Ehrenamtlichen ist zu berücksichtigen, dass engagierte Bürger/innen nicht nur vorgegebene Konzepte umsetzen, sondern permanent in der Zusammenarbeit die Zielvorgaben und Einsatzmöglichkeiten mit gestalten wollen *(vgl. BAG W-Position 2006, S.7)*. Um Projektdurchführungen nicht „aus dem Ruder laufen" zu lassen, sind deshalb vorab! zwingend notwendig die Zielperspektiven, konzeptionelle Vorstellungen, Methodik sowie Arbeitsbereiche als „feste Rahmenbedingungen" zu planen.

7.) Nachhaltigkeit

Konstruktive, zielorientierte Projekt- und Gremienarbeit beinhaltet neben internen Besprechungen regelmäßige Foren/

Gesprächsangebote unter Beteiligung interessierter Bürger, Vertretern professioneller Einrichtungen, Selbsthilfeinitiativen und Gastrednern aus dem kulturellen/ künstlerischen/ medialen Bereichen. Über Pressearbeit und Internetplattformen sind Kontakt- und Informationsmöglichkeiten einzurichten und in regelmäßigen Abständen über den aktuellen Projektverlauf, Termine etc. zu informieren. Intern ist Raum für eventuelle konzeptionelle Änderungen zu lassen.

Erfahrungen anderer Theatereinrichtungen -auch außerhalb der Arbeit mit Obdachlosen- haben gezeigt, dass der sofortige Beginn der Theater(pädagogischen) Arbeit parallel zu anderen Planungseinheiten mit einem kleinen Ensemble sinnvoll ist. Zum einen erhält die Projekt-/ Theaterleitung einen Überblick und auswertbare Resonanzen über Bedarf und Akzeptanz der Arbeit durch die Akteure selbst, zum anderen lassen sich öffentlichkeitsrelevant ein entsprechender Bedarf nachweisen. Der Finanzierungsrahmen ist überschaubar und damit auch das finanzielle Risiko bei Projektabbruch. Nicht zu vergessen bleibt: jede Projektarbeit bedarf der Mithilfe vieler, einer Lobby und zur Verfügung stehender Zeit!

Fazit oder? -
über gute und schlechte Drehbücher

*„Im Drama ist der Mensch auf der Suche nach sich selbst
und nach seinem Platz in der Welt."*

(Zitat nach Malyssek, Störch 2009, S.145)

Theater, Literatur, Bildende Kunst, Musik oder der Film: in
jedem Genre finden sich eindrucksvolle, beschreibende,
künstlerisch verklärte Darstellungen von aus der Welt gefal-
lenen, am Rande der Existenz lebenden Menschen.

Ob bei Jack London, Satre, Kafka oder Brecht… alle zeigen
sie dem Betrachter Bilder metaphysischer Angst, unabwend-
barer Schicksale und quälender Schuld, pessimistisch stim-
mende Lebensabsurditäten, einem vergeblichen Ringen zwischen Hoffnung und Hoffnungslosigkeit. Der inszenierte
„Penner" verkörpert dabei Schmutz, Elend, Schuld, Verwahrlosung oder den kleinkriminellen Grenzgänger. Fast immer
mit der Schnapsflasche oder Wandergepäck als Requisite
ausstaffiert, spiegelt er dem zuschauenden Publikum auf
eindringliche Weise, was passiert, wenn man sich nicht vorgegebenen (gesellschaftlichen) Normen und idealisierten
Werten unterordnet oder aber an der individuellen Lebens-
planung gescheitert ist. Gewiss gibt es auch -gerade im Genre der Tragik-Komik-Darstellungen den liebenswerten, ro-
mantisch verklärten, sich zwischen Kitsch und Sentimentali-
tät bewegenden poetischen Clochards; letztendlich aber zeigen alle Darstellungen immer nur einen personifizierten Cha-

rakter der Armut, greifen aber das sozial-politische Phänomen der Armut selbst nicht auf.

Beginnend mit der Avantgarde der 1920er, über die „Neuen
Wilden" der 1980er, dem postdramatischen Theater bis hin
zur Performance-Art der Gegenwart öffnete sich in Deutschland nicht nur die künstlerische Darstellungsvielfalt, wandel-
ten sich das Rollen- und Raumverständnis von stringenter
Unterordnung zur individuellen, autonomen Selbstinszenie-
rung, es entwickelten sich auch völlig neue Genre in der gesamten Kunstszene. Theater als Kunstform besitzt heute die
Kraft und die Möglichkeiten - aus seinem emanzipatorischen
Verständnis heraus - kritisch zu agieren, anzuprangern, Missstände aufzuzeigen und -quasi als Spiegelbild- gesellschaftliche Schieflagen „ins Rampenlicht" zu transformieren. Thea-
terspiel(en) beinhaltet Raum zur Distanz (innere und äußere
Haltung), ermöglicht das Abrücken von einer real existieren-
den Alltagswirklichkeit, eröffnet Möglichkeiten der Reflexion,
des Ausprobierens in anderen Rollen und zeigt mögliche (Zu-
kunfts)Perspektiven.
Theater(kunst) ist Teil der Gestaltung unserer Lebenswelt;
der Ausschluss ganzer Bevölkerungsgruppen von kultureller
Teilhabe, den wir derzeit beobachten können, ist nicht nur
als Problem sozialer Politik zu sehen.
Theaterpädagogik bewirkt über den kulturellen Bildungsan-
spruch, über die Inanspruchnahme der Bildenden Kunst, gleichermaßen wie durch Übernahme theaterrelevanter Arbeits-
felder, Prozesse des Umdenkens und Lernens, der Öffnung
nicht nur künstlerisch ausgerichteter Facheinrichtungen und
Institutionen. Die Idee, über einen pädagogischen Ansatz die
Mittel des darstellenden Theaters zu nutzen, um politisch,

sozial und kulturell relevante Themen auf provozierende und progressive Weise in den öffentlichen Raum zu tragen und damit sich einem gesellschaftlichen Umfeld unterschiedlichster Lebenslagen nicht nur zu präsentieren, sondern sich auch seiner Kritik (als Reflexion) auszusetzen. Das Zulassen der eigenen, individuellen (Re)Produktion im Theaterspiel(en) führt generell zu einer höheren Akzeptanz des Bildungsbereiches und einem breiteren öffentlichen Interesse- nicht nur innerhalb der Sozialen und Kulturellen Arbeit.

Für mich persönlich sind das Agieren/ Spielen mit Sprache (Bild, Körper und Text), Bildender und darstellender Kunst in Kombination mit der Theaterpädagogik, die Wirkweise ihrer Umsetzungen, die Auseinandersetzung mit der eigenen Persönlichkeit und dem selbstbestimmten Handeln (einschließlich der Folgen) in gleichberechtigter Weise elementare Grundlagen auf der Mikroebene eigener sozialer Arbeit / sozialpädagogischem Wirken. Durch die Zusammenführung von sozialer- und kunstproduzierender Arbeit mit individuellen Erfahrungen und Bildungsinhalten zu interdisziplinär angelegten Projekten entstehen ästhetische Lernfelder, die es gilt, im Kontext institutioneller Strukturen zwischen Tradition, Konvention und experimentell Neuem gruppenspezifisch auszuloten. Über die Zusammenführung, Aufnahme und Aneignung von Prozessen aus verschiedenen Kunst- und Theaterpädagogischen Bereichen werden Bildungsprozesse initiiert, die alle Beteiligten gleichermaßen herausfordern, verfestigte Wahrnehmungs-, Fühl- und Denkstrukturen zu verlassen und neue, unbekannte Wege zu beschreiten, indem sie sich auf Irritationen, Grenzerfahrungen und unvorhersehbare Überraschungen einlassen müssen.

Theaterpädagogik kann auf Dauer nicht existieren, wenn auf der Makroebene nicht die Bereitschaft besteht, sich mit Blick „über den Tellerrand hinaus" mit artverwandten Disziplinen wie der Bildenden Kunst, Literatur, Philosophie Psychologie und Soziologie auseinander zu setzen. Dennoch dürfen Theaterpädagogische Projekte sich nicht -mit ihrem Anspruch auf Darstellung sozialer Wirklichkeiten- von Politik, einem Dienstleistungsdenken oder als „Allheilmittel" für die Lösung sozialer Problemlagen vereinnahmen lassen. Theaterpädagogische Arbeit sollte stets bestrebt sein und die Freiheit besitzen, ihre Autonomie als ein selbstständiger künstlerischer und ästhetischer Bildungsbereich zu wahren und Kooperationen zielorientiert und sinnerweiternd zu nutzen. Hierfür muss eine generelle Bereitschaft bestehen, an der Gesellschaft nicht nur zu partizipieren, sondern sie auch aktiv mitzugestalten, sozial-politisch Position zu beziehen, offener und subtiler Diskriminierung gegenüber zu treten und Missstände anzuprangern. Denen eine Stimme zu geben, die selbst hierfür nicht mehr die Kraft besitzen (oder noch nie besessen haben) und sich und seine Arbeit auch öffentlicher Kritik zu stellen.

Gewiss mag es dem ein oder anderen Kollegen/in innerhalb des Sektors „Soziale Arbeit" als bequemer erscheinen, mit dem großen Strom zu schwimmen, sich unauffällig in der breiten Masse treiben zu lassen, eine halbe Stunde vor Feierabend den Aktendeckel zu schließen, um sich für den Rest des Tages ausschließlich privaten Vergnügungen zu widmen. Doch sei diesen Personen gesagt: Ihr seid nicht nur egoistisch, ihr habt als Sozialarbeiter auch den falschen Beruf gewählt! Der Anspruch, mehr soziale Gerechtigkeit im Sinne aktueller Inklusionsdiskussionen für alle an einer Gesell-

schaft partizipierender Menschen zu schaffen, bedarf inter-
disziplinärer Arbeitsweisen, Engagement, persönlichen Mut,
eigener Positionierung und die Bereitschaft zur konfrontativen Auseinandersetzung mit bestehenden konventionellen
Strukturen, um langfristig positiv besetzte Veränderungen zu
bewirken.

Bitte nicht falsch verstehen: niemand darf und kann - auch
nicht von in Sozialer Arbeit tätigen Personen - eine 24 Stun-
den-Bereitschaft erwarten, ebenso wenig wie eine Tag- und
Nachterreichbarkeit für Menschen, die sich jetzt gerade in
einer emotionalen Krise befinden und das Bedürfnis besitzen, sich ihren Fallmanager um 3 Uhr morgens anzuvertrau-
en.
Zu erwarten ist aber - gerade von in der der sozialen, kulturellen und politischen Arbeit tätigen Personen - Toleranz,
Respekt, kompetentes Handeln und ein offenes Zugehen und
agieren gegenüber den gesellschaftlich Ausgegrenzten, Zu-
rückgelassenen, den „Randgruppen", den „auf der Platte lebenden" einschließlich ihrer Problem- und Lebenslagen.
Notwendig ist stets die Einhaltung einer professionellen Distance (Professionelles Ich), um nicht selbst in einen Ab-
wärtssog zu geraten, notwendig sind auch ausreichend eigene freie Zeiten für Regeneration und Selbstverwirklichung.
Werden auf gesellschaftspolitischer Ebene professionelles
und kooperatives Engagement, Nachhaltigkeit und gesellschaftliche Akzeptanz sozialer Projekte/ Arbeit eingefordert,
so sind arbeitspolitisch endlich das Grog unterbezahlter Stellen mit befristeten Zeitarbeitsverträgen für in der Sozialen
Arbeit tätige Menschen in unbefristete, lukrative Anstel-
lungsverhältnisse umzuwandeln, bürgerschaftliches Engage-

ment -gerade bei bildungsfernen Personen- ist zu fördern und attraktiver auszugestalten.

Für ressourcenlose Menschen findet das „wahre Leben" nicht in der Anonymität zwischen Shoppingtour, all-inclusive-Urlaub und Fitnessbude statt, lässt sich weder chirurgisch korrigieren noch erkaufen. In ihrem Alltagsleben finden sich Stationen in und auf der Straße, am Kiosk um die Ecke, am Tresen einer „verranzten" Kneipe, vor der Kasse eines „Tante-Emma"-Ladens oder im Gewirr einer Billigkonsumfiliale. All diese Menschen haben Geschichten ihrer subjektiv wahrgenommenen Alltagswirklichkeit zu erzählen, sind selbst Teil der Geschichte. Ihnen zuzuhören, sich auf sie einzulassen, liefert einen unendlichen Fundus an Ideen: den Stoff und Spielraum für Theater(pädagogische) Inszenierungen ungeahnter Möglichkeiten.

Der Eine oder Andere mag die sich häufenden Sozial-Akten auf den Schreibtischen in institutionellen Büroabteilungen als „schlecht verfasste Drehbücher" bezeichnen; die als Vorlage für Theaterprojekte geeigneten fantasievollen und lebendigen Drehbücher, die Bewegenden und Verändernden, die zum Nachdenken und Handeln anregenden und teils mit eigener -nicht immer auf Anhieb verständlicher Komik- ausstaffiert sind, finden sich i. d. R. auf der Straße, im Miteinander urbaner Räume, dort wo soziale und kulturelle Arbeit ursprünglich herkommen und wohin sie zurück gebracht werden müssen, will man (auch intellektuell) gesellschaftlich etwas bewirken und verändern.

Literaturverzeichnis

Altrock, Prof. Dr. Uwe; Bertram, Grischa (Hg.): „Wer entwickelt die Stadt? Geschichte und Gegenwart lokaler Governance. Akteure, Strategien, Strukturen." Transcript Verlag Bielefeld 2012

Arnold, Prof. Dr. Ulli; Maelicke, Prof. Dr. Bernd (Hg.): „Lehrbuch der Sozialwirtschaft"; Nomos Verlagsgesellschaft, Baden-Baden 2009, 3. Aufl.

Berger, O.; Schmalfeld, A.: „Stadtentwicklung in Hamburg zwischen Unternehmen Hamburg' und ‚Sozialer Großstadtstrategie'"; erschienen in: Dangschat, Jens. S. (Hg.): „Modernisierte Stadt - Gespaltene Gesellschaft"; Opladen Verlag 1999

BAG Wohnungslosenhilfe e.V. (Hg.): „Gesundheit und Krankheit bei wohnungslosen Frauen"; BAG W-Position Eigendruck, Bielefeld 1995

BAG Wohnungslosenhilfe e.V. (Hg.); Schröder, H: „Statistikbericht 2003 der BAG Wohnungslosenhilfe e.V.", Eigendruck Bielefeld 2005

BAG Wohnungslosenhilfe e.V. (Hg.): „Bürgerschaftliches Engagement - Diskussionspapier zur ehren-amtlichen Arbeit in Einrichtungen und sozialen Diensten der Wohnungslosenhilfe"; BAG W-Position Eigendruck, Bielefeld 2006

BAG Wohnungslosenhilfe e.V. (Hg.): „Psychische Erkrankungen bei wohnungslosen Frauen und Männern - Darstellung der Problemlagen und Handlungsbedarfe - 2008 erweitert um Beispiele aus der Praxis"; BAG W-Position Eigendruck, Bielefeld 2008

BAG Wohnungslosenhilfe e.V. (Hg.): „Empfehlungen zu Änderungsbedarfen + Auslegungsproblemen"; BAG W-Position Eigendruck, Bielefeld 2009

BAG Wohnungslosenhilfe e.V. (Hg.); Schröder, H: „Statistikbericht 2008 der BAG Wohnungslosenhilfe e.V."; Eigendruck Bielefeld 2010

BAG Wohnungslosenhilfe e.V. (Hg.): „Anhaltender Trend: Wachsender Anteil junger Wohnungsloser, wohnungsloser Frauen und Wohnungsloser ohne jegliches Einkommen"; Pressemitteilung vom 29.09.2011; Eigendruck, Bielefeld 2011

BAG Wohnungslosenhilfe e.V. (Hg.): „Spezifische Handlungsansätze im Bereich Arbeiten und Qualifizieren für wohnungslose Frauen"; BAG W-Position Eigendruck, Bielefeld 2011

Bahrdt, Hans-Paul (1961): „Die moderne Großstadt: Soziologische Überlegungen zum Städtebau"; Leske&Budrich, Opladen/ Reinbeck bei Hamburg 1998

Baumann Zygmut: „Unbehagen an der Postmoderne"; Hamburger Edition 1999

Birkenhauer, Theresia: „Die Zeit des Textes im Theater"; in Tigges: „Dramatische Transformationen"; S.247-262; transcript Verlag Bielefeld 2008

Birkenhauer, Theresa; Hahn, Barbara; Wahlster, Barbara: „Theater Theorie - Zwischen Szene + Sprache"; Verlag Vorwerk 8

BMAS; BMJ (Hg.): „3.Armuts-und Reichtumsbericht"; Bundesanzeiger Verlag 2008, Berlin

BMFSFJ; BMJ (Hg.): „Mehr Schutz bei häuslicher Gewalt - Information zum Gewaltschutzgesetz"; Publikationsversand der Bundesregierung, Rostock; Druck Vogt GmbH, Berlin 2010, 3. Aufl.

BMFSFJ (Hg.): „Berufliche Förderung von alleinstehenden wohnungslosen Frauen. Modellprojekt im Auftrag des Bundesministeriums für Familie, Senioren, Frauen und Jugend - 1998 - 2000"; Stuttgart 2002

BMFSFJ (Hg.): „Lebenssituation, Sicherheit und Gesundheit von Frauen in Deutschland. Eine repräsentative Untersuchung zu Gewalt gegen Frauen in Deutschland. Zusammenfassung zentraler Studienergebnisse"; Berlin 2004

BMFSFJ; WiBIG(Hg.): „Neue Unterstützungspraxis bei häuslicher Gewalt"; Berlin 2004 (auch erhältlich über: www.wibig.uni-osnabrueck.de.)

BMFSFJ (Hg.): „Neue Wege-Gleiche Chancen Gleichstellung von Frauen und Männern im Lebensverlauf"; Erster Gleichstellungsbericht, Drucksache 17/6240. Publikationsversand der Bundesregierung, Rostock; Silber Druck oHG, Niestetal 2011

BMFSFJ (Hg.): „Gewalt gegen Frauen in Paarbeziehungen - Eine sekundäranalytische Auswertung zur Differenzierung von Schweregraden, Mustern, Risikofaktoren und Unterstützung nach erlebter Gewalt"; Kurzfassung. Publikationsversand der Bundesregierung, Rostock; Silber Druck oHG, Niestetal 2012, 4. Aufl.

Böhnisch, Lothar; Lenz, Karl; Schröer, Wolfgang: „Sozialisation und Bewältigung"; Verlag Juventa Weinheim und München 2009

Bourdieu, Pierre: „Physischer, sozialer und angeeigneter physischer Raum";. in: Wentz, M. (Hg.): „Stadt-Räume"; S. 25-34. Campus Verlag Frankfurt a. M., New York 1991

Brendenal, Silvia: „Animation fremder Körper - Puppen-, Figuren- und Objekttheater"; Arbeitsbuch 9, Verlag Theater der Zeit, Berlin 2000

Brückner, Margrit : „Wege aus der Gewalt gegen Frauen und Mäd- chen. Eine Einführung"; Fachhochschulverlag Frankfurt a.m. 2001; 2. akt. Neuaufl. 2002

Charles, Daniel: „ Zeitspielräume. Performance Musik Ästhetik"; Berlin 1989

Cierpka, Manfred: „FAUSTLOS- wie Kinder Konflikte gewaltfrei lö- sen lernen"; Herder Verlag, Freiburg 2005, 7.Aufl. 2009

Czerny, Gabriele: „Theaterpädagogik - Ein Ausbildungskonzept im Horizont personaler, ästhetische und sozialer Dimensionen"; Augsburger Studien zur Didaktik, Band 5; Wißner-Verlag Augs- burg 2004

Czollek, Lea Carola; Perko, Gudrun; Weinbach, Heike: „Lehrbuch Gender und Queer. Methoden und Praxisfelder"; Verlag Juventa Weinheim und München 2009

Dangschat, JensS. (Hg.): „Modernisierte Stadt - Gespaltene Gesell- schaft: Ursachen von Armut und Sozialer Ausgrenzung"; Opla- den 1999

Deinet, Ulrich (Hg.): „Methodenbuch Sozialraum"; VS Verlag für So- zialwissenschaften, Wiesbaden 2008

Dirksmeier, Dr. rer. pol. Peter: „Urbanität als Habitus - Zur Sozial- geographie städtischen Lebens auf dem Land"; transcript Ver- lag Bielefeld, 2009

Dreher, Thomas: „Performance Art nach 1945: Aktionstheater und Intermedia"; Wilhelm Fink Verlag, München 2001

Dünne, Jörg/Friedrich, Sabine/Kramer, Kirsten (Hg.): „Theatralität und Räumlichkeit. Raumordnungen und Raumpraktiken im theatralen Mediendispositiv"; Königshausen & Neumann, Würz- burg 2009

Enders-Dragässer, Dr. Uta; Sellach, Dr. Brigitte: „Zielgruppen- und Bedarfsforschung für eine Integrative Wohnungs- und Sozialpo- litik - „Frauen in dunklen Zeiten - Persönliche Berichte vom Wohnungsnotfall: Ursachen - Handlungsspielräume - Bewälti- gung"; eine qualitative Untersuchung zu Deutungsmustern und Lebenslagen bei Wohnungsnotfällen von Frauen". Forschungs- bericht des Forschungsverbund Wohnungslosigkeit und Hilfen

in Wohnungsnotfällen und der Gesellschaft für Sozialwissenschaftliche Frauenforschung e.v.; gefördert vom: BM für Bildung und Forschung (Hg. u. Druck); Frankfurt a. M. 2005

Feldkeller,Andreas: „Zur Alltagstauglichkeit unserer Städte - Wechselwirkungen zwischen Städtebau und täglichem Handeln"; Verlag Hans Schiler, Berlin/Tübingen 2012

Fichter, M.; Quadflieg, N.: „Psychische Erkrankungen bei (vormals
obdachlosen) Bewohnern von Heimen des Katholischen Män-
nerfürsorgevereins in München"; Eigendruck, München 1997

Fichtner, Dr. Jörg: „„Dass die Leut' uns nich alle über einen Kamm
scheren" - Männer in Wohnungsnot - eine qualitative Untersuchung zu Deutungsmustern und Lebenslagen bei männlichen
Wohnungsnotfällen". Forschungsbericht (Teil 1) des Forschungsverbund Wohnungslosigkeit und Hilfen in Wohnungsnotfällen und der Gesellschaft für Sozialwissenschaftliche
Frauenforschung e.v.; gefördert vom: BM für Bildung und Forschung (Hg. u. Druck); Frankfurt a. M. 2005

Fischer-Lichte, Erika: „Ästhetik des Performativen"; edition suhrkamp, Frankfurt a. M. 2004

Gilsdorf, Rüdiger; Kistner, Günter: „Kooperative Abenteuerspiele 2
-Eine Praxishilfe für Schule, Jugendarbeit und Erwachsenen-
bildung"; Kallmeyer in Verbindung mit Klett Friedrich Verlag
GmbH 2001; 8. Aufl. 2010

Frei, Heidi: „Jeux Dramatiques mit Kindern -Ausdrucksspiel mit dem
Erleben"; Band 2; Zytglogge-Verlag, Bern 1991; 2.Aufl. 1995

Gahleitner, Silke; Homfeld, Hans Günther (Hg.): „Kinder und Ju-
gendliche mit speziellem Versorgungsbedarf - Beispiele und
Lösungswege für Kooperationen der sozialen Dienste"; Beltz
Juventa, Weinheim/Basel 2012

Greifenhagen, A.; Fichter, M.: „Verrückt und obdachlos - psychische
Erkrankungen bei wohnungslosen Frauen"; in: „wohnungslos.
Aktuelles aus Theorie und Praxis zur Armut und Wohnungslo-
sigkeit"; BAG W e.V. (Hg.), Heft 3/1998, S. 89-98. VSH Verlag
Soziale Hilfe, Bielefeld 1998.

Häußermann, Prof. Dr. Hartmut; Siebel Walter:, „Soziologie des
Wohnens. Eine Einführung in Wandel und Ausdifferenzierung
des Wohnens"; Verlag Juventa Weinheim 1996

Häußermann, Prof. Dr. Hartmut; Oswald, I.: „Stadtentwicklung und
Zuwanderung"; erschienen in: Schäfers, B.; Wewer, G. (Hg.):
„Die Stadt in Deutschland. Soziale, politische und kulturelle
Lebenswelten"; S. 85-110 Opladen 1996

Häußermann, Prof. Dr. Hartmut: „ Armut in den Großstädten - eine
neue städtische Unterklasse?"; in: Leviathan S. 17; 1997

Häußermann, Prof. Dr. Hartmut; Siebel Walter: „Stadtsoziologie -
Eine Einführung"; Campus Verlag, Frankfurt/New York 2004

Häußermann, Prof. Dr. Hartmut; Kemper: „Die Soziologische
Theoretisierung der Stadt und die „New Urban Sociology"; in:
Berking, Löw (Hg.): „Die Wirklichkeit der Städte"; Sonderband
16, S. 25-53. Soziale Welt; Baden-Baden 1/2005

Häußermann, Prof. Dr. Hartmut: „WOHNEN/090: Ungleichheit und
Wohnen" Artikel; Abdruck aus: Häußermann; Läpple, D.; Sie-
bel, Walter.: „Stadtpolitik"; Berlin 2007. Erschienen in: „Neue
Gesellschaft/ Frankfurter Hefte"; Nr. 10/2009, S. 42-45; Fuchs,
Anke; Gabriel, Siegmar et. al. (Hg.) für die Friedrich-Ebert-
Stiftung; 2009

Helfferich, Prof. Dr. Cornelia; Hägele, Angelika et. al.: „Was brau-
chen wohnungslose Frauen? Alltagsbewältigung, Raumerfah-
rung und Versorgungsangebote aus Sicht wohnungsloser Frau-
en. Eine qualitative Erhebung in Verbindung mit einer wissen-
schaftlichen Begleitung eines neu eingerichteten frauenspezifi-
schen Versorgungsangebotes in Freiburg i. Br."
.Forschungsbericht /Abschlussbericht; Ministerium für Arbeit
und Soziales Baden-Württemberg, Freiburg, 2000

Heinemann, Caroline: „Interaktionsräume im zeitgenössischen Kin-
der- und Jugendtheater"; Dissertation Abstract, FBII Kulturwis-
senschaften; Stiftung Universität Hildesheim 2012

Hentschel, Ingrid, Was ist wirklich im Theater? Simulation und Spiel
- Theater und virtuelle Welten, in: Richard, Jörg (Hg.): „Theater im Generationenverhältnis", S. 91 -112. Verlag Haag + Her-
chen, Frankfurt/M. 1999

Hentschel, Ingrid: „Seismographen von Kindheit - Pädagogische und
ästhetische Entwicklungen im Kindertheater" in: Taube, Gerd
(Hg.): „Kinder spielen Theater", S. 102 -121. Schibri Verlag,
Berlin 2007

Hentschel, Ulrike: „Theaterspielen als ästhetische Bildung" in: Gerd
Taube (Hg.): „Kinder spielen Theater", S. 88 - 101. Schibri Ver-
lag, Berlin 2007 (Originalausgabe: Deutscher Studienverlag,
Weinheim 1996)

Huber, Michaela: „ Wege der Traumabehandlung"; Band I u.II, junfermann Verlag, Paderborn 2009

Hoffmann, Klaus; Klose, Rainer (Hg.): „Theater interkulturell -
Theaterarbeit mit Kindern und Jugendlichen", Schibri-Verlag,
Berlin 2008

IT.NRW - Information und Technik Nordrhein-Westfalen: „Sozialbe-
richterstattung NRW. Kurzanalyse 01/2012"; erstellt im Auftrag
des Ministeriums für Arbeit, Integration und Soziales NRW,
Düsseldorf, 23.03.2012

Janecke, Christian: „Sevice-Kunst. Nutzungsangebote in Projekten
der Gegenwartskunst zwischen Bild und Vorgeblichkeit"; erschienen in: Marcel Bühler; Alexander Kuch: „Kunst & Interkon-
textualität" Köln 2001

Johnstone, Keith: „Improvisation and the Theatre"; deutsche Über-
setzung: Schreyer, Petra: „Improvisation und Theater"; Alexander Verlag Berlin 1993; 9. Aufl. 2010

KAGS (Katholischen Arbeitsgemeinschaft Wohnungslosenhilfe);
KAGW (Katholischen Bundes-Arbeitsgemeinschaft Straffälligen-
hilfe); Deutscher Caritasverband (Hg.): „Öffentlicher Raum -
Integrieren statt ausgrenzen - wider die Verdrängung und Kri-
minalisierung von sozialen Randgruppen im öffentlichen Raum
der Innenstädte"; Positionspapier, Freiburg, 16.12.2002

Kessl, Fabian; Reutlinger, Christian; Maurer, Susanne (Hg.): „Handbuch Sozialraum"; VS Verlag, Wiesbaden 2005

Kiebel, H.: „Auf der Straße leben, überleben", in: Zeitschrift des
BDA „Der Architekt" Heft Nr.6, 1994

Köhler, Norma: „Biografische Theaterarbeit zwischen kollektiver und
individueller Darstellung - Ein theaterpädagogisches Modell";
kopaed, München 2009

Krisch, Richard: „Sozialräumliche Methodik der Jugendarbeit. Aktivierende Zugänge und praxisleitende Verfahren"; Juventa Verlag, Weinheim und München 2009

Lackner-Pilch, Angela; Pusterhofer, Martina: „Gestaltung"; erschienen in: Kessl, Fabian u. a. (Hg.): „Handbuch Sozialraum"; S.
279-293. Wiesbaden 2005

Löw, Prof. Dr. Martina: „Raumsoziologie"; Suhrkamp Verlag, Frankfurt a.M. 2001

Löw, Prof. Dr. Martina: „Differenzierungen des Städtischen"; UTB,
Opladen 2002

Löw, Prof. Dr. Martina; Steets, Dr. Silke; Stoetzer, Sergej: „Einführung in die Stadt- und Raumsoziologie"; Verlag Barbara
Budrich – UTB, Opladen 2008, 2.akt. Aufl.

Malyssek, Jürgen; Störch, Klaus: „Wohnungslose Menschen - Ausgrenzung und Stigmatisierung"; Lambertus Verlag, Freiburg im Breisgau 2009

Meyer,G.; Dovermann,U.; Frech,S.; Gugel,G. (Hrsg.): „Zivilcourage lernen Analysen-Modelle-Arbeitshilfen", bpb-Schriftenreihe / Landeszentrale pB. Baden-Württemberg 2004

Molnar, Guyla: „Objekttheater : Aufzeichnungen, Zitate, Übungen"; Theater der Zeit Verlag, Berlin 2011

Moser, Heinz: „Instrumentenkoffer für die Praxisforschung – Eine Einführung"; Lambertus-Verlag, Freiburg im Breisgau 2012 5.überarb. Aufl.

Neumann, Dr. Udo; Mingot, Dr. Karl; Ludwig, Dr. Monika: „Menschen in extremer Armut Forschungsbericht"; i. A. BM für Gesundheit und Soziale Sicherung (Hg.); ISL - Darmstadt, 2003

Pewny, Katharina: „Das Drama des Prekären: über die Wiederkehr der Ethik in Theater und Performance"; transcript Verlag, (Theater) Bielefeld 2011

Reuter, David (Hg): „emballage - oder die Sprache des Objekts"; Nold, Frankfurt a. M. 2003

Reutlinger, Christian: „Territorialisierungen und Sozialraum. Empirische Grundlagen einer Sozialgeographie des Jugendalters"; erschienen in: Werlen, B. (Hg.): „Sozialgeographie alltäglicher Regionalisierungen"; Band 3: „Ausgangspunkte und Befunde empirischer Forschung"; S. 135-164. Stuttgart 2007

Reutlinger, Christian: „Raumdeutungen"; erschienen in: Deinet, Ulrich (Hg.): „Methodenbuch Sozialraum"; S. 17-32. VS Verlag für Sozialwissenschaften, Wiesbaden 2008

Reutlinger, Christian: „Raum und soziale Entwicklung. Kritische Reflexion und neue Perspektiven für den sozialpädagogischen Diskurs"; Juventa Verlag, Weinheim und München 2008

Reutlinger, Christian; Wigger, A. : „Von der Sozialraumorientierung zur Sozialraumarbeit. Eine Entwicklungsperspektive für die Sozialpädagogik?"; erschienen in: Zeitschrift ZfSp 6. Jg., 4 Vj., S. 340-371 2008

Ronneberger, Klaus; Lanz, Stephan; Jahn, Walter; Bareis, Ellen (Hg.): „Fragmente städtischen Alltags" transcript Verlag Bielefeld 2000

Roth, Gerhard: „Fühlen, Denken, Handeln. Wie das Gehirn unser Verhalten steuert"; suhrkamp Verlag Franfurt a. M. 2003

Sachser, Dietmar: „Theaterspielflow : über die Freude als Basis schöpferischen Theaterschaffens"; Alexander Verlag, Berlin 2009

Schaak, Torsten: „Obdachlose, «auf der Straße» lebende Menschen in Hamburg 2009 - empirische Untersuchung"; im Auftrag von: Freie und Hansestadt Hamburg, Behörde für Soziales, Familie, Gesundheit und Verbraucherschutz (Hg.). Eigendruck, Hamburg 2009

Scheller, I.: „Szenische Interpretation von Literatur - Qualifikation von DeutschlehrerInnen"; erschienen in: „Korrespondenzen H.33"; S.41-45; 1999

Scherr, Albert: „Männer als Adressatengruppe und Berufstätige in der Sozialen Arbeit"; erschienen in: Thole, Werner (Hg.): „Grundriss Soziale Arbeit"; S. 559-568. Wiesbaden 2011, 3. Aufl.

Stadt Dortmund, Sozialamt (Hg.): „Kompass - Orientierung für Wohnungslose in Dortmund - Adressen • Hilfen • Informationen" Kommunikationskonzept/Layout/Druck: Dortmund-Agentur - 07/2011

Stascheit, Prof. Dr. Ulrich: „Gesetze für Sozialberufe - Textsammlung"; Nomos Verlag, Frankfurt a. M., 18.Aufl. 2010

Stoffels, Prof. Dr. Hans; Kruse, Gunther: „Der psychiatrische Hausbesuch. Hilfe oder Überfall"; Psychiatrie Verlag, Bonn 1996

Stollenwerk, Detlef: „Obdachlosigkeit als kommunale Herausforderung"; Artikel erschienen in: „Forum Wohnen und Stadtentwicklung" - FWS 5 / Oktober - November 2009, S.273-277. vhw-Verlags GmbH, Bonn 2009

Tatschmurat, Carmen: „Gender Troubles in der Beratung"; erschienen in: Nestmann et al.(Hg.): Das Handbuch der Beratung 1 und 2: Disziplinen und Zugänge. Ansätze und Methoden"; Band 1, S. 209-218.dgvt Verlag, Tübingen 2004, 2. Aufl.2007

Taube, Gerd (Hg.): „Kinder spielen Theater"; Schibri Verlag, Berlin 2007 (Originalausgabe: Deutscher Studienverlag, Weinheim 1996)

Tigges, Stefan; Pewny, Katharina; Deutsch-Schreiner, Evelyn (Hg.): „Zwischenspiele - Neue Texte, Wahr-nehmungs- und Fiktionsräume in Theater, Tanz und Performance"; transcript Verlag, Bielefeld 2010

Tigges, Stefan(Hg.): „Dramatische Transformationen: Zu gegenwärtigen Schreib- und Aufführungsstrategien im deutschsprachigen
Theater" ; transcript Verlag Bielefeld 2008

Trabert, Prof. Dr. Gerhard.: „Gesundheit und gesundheitliche Versorgung von alleinstehend wohnungs-losen Menschen"; in: We-
ber L. (Hg.): „Gesundheit sozialer Randgruppen"; Enke Verlag
Stuttgart 1997

Vaßen, Florian: „Korrespondenzen Theater - Ästhetik - Pädagogik";
Schibri-Verlag Berlin, Milow, Strasbourg 2010, 2. veränderte u.
verbesserte Auflage

Vogt, Irmgard: „Frauen und Beratung"; erschienen in: Nestmann et
al. (Hg.): „Das Handbuch der Beratung 1 und 2: Disziplinen und
Zugänge. Ansätze und Methoden"; Band 1, S. 209-218.dgvt
Verlag, Tübingen 2004, 2. Aufl.2007

Weitzner, Peter: „Objekttheater"; Verlag Nold, Frankfurt 1993

Werner, Götz W.: „Einkommen für alle"; Verlag Kiepenheuer &
Witsch, Köln 2007

Internet-Recherche

BAG W (Hg.): „Schätzung und Prognose des Umfangs der Wohnungsnotfälle 2009-2010" unter: www.bag-wohnungslosen-
hilfe.de Zugriff: 08.02.2012

Böhnisch, Lothar; Schröer, Wolfgang: „Soziale Räume im Lebenslauf"; URL: www.sozialraum.de/soziale-raeume-im-
lebenslauf.php,, Zugriff: 19.04.2012

Etchells, Tim: „Gedanken zu Eva Mayer-Kellers komischer Tragödie
DEATH IS CERTAIN"; in: Gerstmeier, Joachim; Müller-Schöll
(Hg.): „Politik der Vorstellung, Theater der Zeit" Recherchen
36 unter: www.evamk.de-Texte. Zugriff: 12.12.2012

Landeskommission Berlin gegen Gewalt, Aktionsplan Hilfe für wohnungslose Frauen, Senat Berlin (Hg.): „Das Verhältnis der
Frauen zum Hilfesystem" Aktionspapier eine zuständigkeits-
übergreifende Initiative der Landeskommission Berlin gegen
Gewalt, Berlin 2006; Zugriff: 10.11.2011

Freunde der Ratten e.V. und Theater RATTEN 07 unter:
www.ratten.nullsieben@berlin.de; Zugriff: 10.11.2011

Hentschel, Ingrid: „Medium und Ereignis - warum Theaterkunst bildet". Vortrag zur Eröffnung der Fachtagung „Bildung braucht
Kunst", Bundesakademie für kulturelle Bildung Wolfenbüttel,
19.2.2008 Auszugsweise veröffentlicht und nachzulesen unter:
ingrid.hentschel@fh-bielefeld.de; Zugriff: 15.09.2012

KBB „Kölner Berber Bühne" Köln unter:
www.inge-muenzner@kölner-berbühne.de; Zugriff: 10.11.2011

Prof. Dr. Koch, Gerd: „Biberpelzen"- freisinnig nach Gerhard Hauptmann unter: www.spielart-berlin.de; Zugriff: 03.12.2012

Reuter, David: „Vom Objekttheater zur Kunst in Aktion"; in: Objekte.
Figuren. Fokus Schultheater 07 (Zeitschrift für Theater und ästhetische Bildung), 2007 unter: www. Schultheater.de - Texte
und: www.evamk.de-Texte; Zugriff: 03.04.2012 u. 12.12.2012

SKM Katholischer Verein für soziale Dienste im Rhein-Sieg-Kreis
e.V. - Don Bosco Haus; Siegburg unter:
wohnungslosenhilfe@skm-rhein-sieg.de; Zugriff: 30.04.2012

Schneider, Dr. Stefan; Herbst, Kerstin: „Wohnungslosenhilfe in
Deutschland. Fakten - Strategien - Ergebnisse - Probleme";
Publikation / Vortrag beim Projekt „Social Partnership - Pol-
nisch-deutsches Arbeitsgruppentreffen"; Warschau,
11.03.2005; Zugriff: 08.02.2012

Spastikerhilfe Berlin e.V.: „Theaterensemble piloti storti - Das En-
    semble - Das Projekt" unter: www. Spastikerhilfe.de und
    www.spielart-berlin.de; Zugriff: 15.09.2012
Figurentheater, Münchener Stadtmuseum, Munich unter:
    www.muenchner-stadtmuseum.de; Zugriff: 22.12.2012
ZDF.de Report 37[0]: „Das Geld liegt auf der Straße - von Pfandfla-
    schen leben"; Bericht: Claus, Uta vom 18.11.2008 unter:
    www.37 Grad.zdf.de; Zugriff: 10.02.2012

Tabellenanhang

Wohnungslose Personen in NRW nach Alter und Geschlecht* getrennt nach untergebrachten Personen nach dem OBG und bei freien Trägern												
Stichtag: 30.06.2011												
Alters- gruppen	insgesamt				Männer				Frauen			
	OBG		freie Träger		OBG		freie Träger		OBG		freie Träger	
	An- zahl	%	An- zahl	%	An- zahl	%	An- zahl	%	An- zahl	%	An- zahl	%
unter 18	885	14,1	41	0,7	441	10,4	20	0,4	444	21,8	21	1,9
18 - 21	293	4,7	508	8,2	189	4,4	314	6,2	104	5,1	194	17,1
21 - 25	385	6,1	919	14,8	289	6,8	647	12,7	96	4,7	272	24
25 - 30	472	7,5	846	13,6	345	8,1	688	13,5	127	6,2	158	14
30 - 40	911	14,5	1.270	20,5	655	15,4	1.083	21,3	256	12,6	187	16,5
40 - 50	1.279	20,3	1.290	20,8	914	21,5	1.107	21,8	365	17,9	183	16,2
50 - 65	1.563	24,8	1.133	18,2	1.108	26,0	1.029	20,3	455	22,3	104	9,2
65 u. mehr	508	8,1	203	3,3	318	7,5	190	3,7	190	9,3	13	1,1
insge- samt 1)	6.296	100	6.210	100	4.259	100	5.078	100	2.037	100	1.132	100

*) Ergebnisse der integrierten Wohnungsnotfallberichterstattung
1) Abweichend von der Zahl der wohnungslosen Personen insg. Aufgrund fehlender Angaben zum Alter der Stadt Köln   **Quelle : IT.NRW 2012**

Tabelle 2:   NRW Statistik 2012

Wohnungslose Personen bei den freien Trägern nach Geschlecht und Art der Unterkunft*)	Stichtag: 30.06.2011					
	Wohnungslose Personen					
Art der Unterkunft	insgesamt		Männer		Frauen	
	An-zahl	%	An-zahl	%	An-zahl	%
bei Bekannten	2.116	34,3	1.607	31,9	509	45,2
stationäre Einrichtungen (§§ 67-69 SGB XII)	1.747	28,3	1.489	29,5	258	22,9
Notunterkunft/ Übernachtungsstelle	574	9,3	503	10,0	71	6,3
bei Familie, Partner/-in	469	7,6	335	6,6	134	11,9
ambulant betreute Wohnprojekte	414	6,7	370	7,3	44	3,9
ungesicherte Ersatzunterkunft	133	2,2	102	2,0	31	2,8
Gesundheitssystem	117	1,9	107	2,1	10	0,9
Haft	83	1,3	74	1,5	9	0,8
Hotel/Pension	32	0,5	29	0,6	3	0,3
Firmenunterkunft	6	0,1	6	0,1	0	0
Frauenhaus	10	0,2	x	x	10	0,9
ohne Unterkunft	469	7,6	423	8,4	46	4,1
Insgesamt1)	6.170	100	5.045	100	1.125	100

*) Ergebnisse der integrierten Wohnungsnotfallberichterstattung
1) Abweichend von der Zahl der wohnungslosen Personen insg. aufgrund fehlender Angaben zur Unterkunftssituation   **Quelle: IT.NRW 2012**

Tabelle 3 : BMFSFJ (Hg.): „Gewalt gegen Frauen in Paarbeziehungen" 2012, S.10

Kriterien zur Einteilung der Schwere von Gewaltsituationen nach gruppierten Gewalthandlungen. Fallbasis: Alle Situationen körperlicher Gewalt, bei denen der akute oder ein früherer Partner Täter war (in Prozent; N=1.000)

Gewalthandlungen in Situationen - gruppiert	„nur" Drohung	wütendes Wegschubsen / leichte Ohrfeige	„mittlere Handlungen", Angst machend, schmerzlich, bedrohlich	starke Schmerzzufügung verprügeln, schlagen mit Fäusten	Lebensbedrohliche Handlungen ohne Waffen (u.a. würgen, verbrühen)	Lebens bedrohliche Handlungen mit Waffengewalt	gesamt
	(N=32)	(N=259)	(N=431)	(N=131)	(N=84)	(N=63)	(N=1000)
Hatte Angst, in Situa-tionen lebensgefährlich verletzt zu werden.	56,3 %	12 %	37,1 %	74,8 %	82,1 %	93,7 %	43,5 %
Körperliche Verletzun-gen infolge der Situation genannt.	40,6 %	26,3 %	61,5 %	94,7 %	85,7 %	73,0 %	58,8 %
Arbeitsbeinträchtigung infolge der Situation genannt.	25,0 %	6,2 %	21,8 %	48,9 %	46,4 %	54,0 %	25,5 %
Psychische Folgebe-schwerden genannt.	87,5 %	56,8 %	76,1 %	89,3 %	94,0 %	90,5 %	75,6 %
Langfristige psycho-soziale Folgen genannt.	75,0 %	27,4 %	49,4 %	71,0 %	75,0 %	74,6 %	51,1 %
Situation wird als Gewalt eingestuft.	78,1 %	44,0 %	73,3 %	88,5 %	91,7 %	93,7 %	70,7 %

Tabelle 4: BMFSFJ (Hg.): „Gewalt gegen Frauen in Paarbeziehungen" 2012, S.22

Häufigkeit der Muster von psychischer, körperlicher und sexueller Gewalt in der akuten Paarbeziehung (in Prozent). Gültige Fallbasis: Alle Frauen, die von körperlicher und/oder sexueller und/oder psychischer Gewalt durch aktuelle Partner betroffen waren, mindestens 95% der Fragen beantwortet haben und entsprechenden Mustern zugeordnet werden konnten.

	Häufigkeit	% aller Frauen	% gewaltbetroffener Frauen
M 1: gering ausgeprägte psychische, aber keine körperliche Gewalt	922	14,5 %	38,1 %
M 2: erhöhte psychische, aber keine körperliche / sexuelle Gewalt	702	11,0 %	29,0 %
M 3: einmaliger leichter körperlicher Übergriff	198	3,1 %	8,2 %
M 4: leichte / mäßige bis tendenziell schwere körperliche Übergriffe und allenfalls gering ausgeprägte psychische Gewalt	180	2,8 %	7,4 %
M 5: leichte / mäßige bis tendenziell schwere körperliche Übergriffe mit erhöhter psychischer Gewalt	214	3,4 %	8,9 %
M 6: schwere körperliche und/oder sexuelle Misshandlungen mit erhöhter psychischer Gewalt	166	2,6 %	6,9 %
Nicht zuordbar: schwere körperliche/sexuelle Gewalt ohne ausgeprägte psychische Gewalt	35	0,5 %	1,4 %
Fehlend: keine körperliche / sexuelle / psychische Gewalt	3950	62,0 %	
Gesamt:	6.367	100 %	

Tabelle 5: BMFSFJ (Hg.): „Gewalt gegen Frauen in Paarbeziehungen" 2012, S.24

Körperliche/psychische Beschwerden, Partnerschaftszufriedenheit und Muster von Gewalt in der aktuellen Paarbeziehung (in Prozent). Fallbasis: Alle Frauen, die in akuten Paarbeziehungen leben und mindestens 95% der Fragen zu körperlicher/sexueller/Psychischer Gewalt durch aktuelle Partner gültig beantwortet haben.

	Keine Hinweise auf körperliche, sexuelle und/oder psychische Gewalt	M 1: gering ausgeprägte psychische Gewalt (keine körperliche o. sexuelle)	M 2: erhöhte psychische Gewalt (keine körperliche o. sexuelle)	M 3: einmaliger leichter körperlicher Übergriff	M 4: leichte bis tendenziell schwere körperliche Übergriffe + gering ausgeprägte psychische Gewalt	M 5: leichte „mäßige" bis schwere körperliche Übergriffe + erhöhte psychische Gewalt	M 6: schwere körperliche und/oder sexuelle Misshandlungen mit erhöhter psychischer Gewalt	gesamt
1. Vier und mehr psychische Beschwerden in den letzten 12 Monaten genannt?								
Ja	34,5 %	41,0 %	51,3 %	47,8 %	49,2 %	62,3 %	73,1 %	34,5 %
Nein	65,5 %	39,0 %	48,7 %	52,2 %	50,8 %	37,7 %	26,9 %	65,5 %
gesamt	100 %	100 %	100 %	100 %	100 %	100 %	100 %	100 %
2. Mehr als 7 körperliche Beschwerden in den letzten 12 Monaten genannt?								
Ja	17,7 %	19,6 %	27,9 %	22,0 %	24,9 %	30,9 %	40,9 %	20,4 %
Nein	82,3 %	80,4 %	72,1 %	78,0 %	75,1 %	69,1 %	59,1 %	79,6 %
gesamt	100 %	100 %	100 %	100 %	100 %	100 %	100 %	100 %
3. Zufriedenheit mit aktueller Partnerschaft (Bewertung anhand von Schulnoten von 1 - 6)								
Tendenziell zufrieden (1 - 3)	98,7 %	96,1 %	88,8 %	97,5 %	97,2 %	81,2 %	59,4 %	95,6 %
Tendenziell unzufrieden oder neutral (4 - 6)	1,3 %	3,9 %	11,2 %	2,5 %	2,8 %	18,8 %	40,6 %	4,4 %
gesamt	100 %	100 %	100 %	100 %	100 %	100 %	100 %	100 %

Miriam Soudani

»Männer schlagen keine Frauen?! – Und umgekehrt?«

Das Gewaltverhalten von Mädchen und jungen Frauen

Gender and Diversity, Band 10
2013, 270 S., br.,
ISBN 978-3-86226-218-2, € **24,80**

Gewalt ist nicht nur eine Männerdomäne. Denn physische und psychische Gewalt wird sowohl vom männlichen, als auch vom weiblichen Geschlecht angewendet. Allerdings ist das Phänomen der Jungengewalt gut erforscht und bearbeitet, während demgegenüber die Anwendung und Ausprägung von Gewalt durch Mädchen und junge Frauen weitgehend unerforscht sind. Der Wissensstand über die Motive und die Ursachenkomplexe, welche mit dem Gewaltverhalten von Mädchen und jungen Frauen zusammenhängen ist bisher sehr gering.

In dieser Studie wird auf der Basis von 10 durchgeführten Leitfadeninterviews Licht ins Dunkel gebracht. Ausgangslage ist hierbei gezielt das weibliche Geschlecht und eben keine weiterführenden Thesen, die im Basispunkt eigentlich vom männlichen Geschlecht abgeleitet sind. Die betroffenen weiblichen Jugendlichen und Heranwachsenden kommen zu Wort, beschreiben ihre Lebenswelten und werden als Experten ihrer Selbst betrachtet. Zudem wird die Sichtweise der Zielgruppe objektiv pädagogisch und sozialwissenschaftlich analysiert und interpretiert. Ziel der Studie soll es sein einen umfassenden Einblick in das gewalttätige Verhalten von Mädchen und Frauen zu erlangen, deren Ausprägung festzustellen, die Ursachen herauszufiltern und die speziell für dieses Geschlecht mit sich einhergehenden Folgen derartigen Verhaltens zu analysieren.

Die Kernergebnisse dieser Studie sind u. a., dass Mädchen genauso massiv und schwerwiegend körperliche Gewalt einsetzen wie Jungen. Gewalt wird nicht nur gegen das eigene Geschlecht, sondern auch gegen Jungen und Männer gerichtet.

Gender and Diversity

Informationen und weitere Titel unter **www.centaurus-verlag.de**

If you have any concerns about our products,
you can contact us on
ProductSafety@springernature.com

In case Publisher is established outside the EU,
the EU authorized representative is:
Springer Nature Customer Service Center GmbH
Europaplatz 3, 69115 Heidelberg, Germany

Printed by Libri Plureos GmbH
in Hamburg, Germany